VAMOS VENDER, PÔ!

Ele comeu o pão que o diabo amassou, caiu, levantou e legou sua saga como campeão de vendas

Literare Books
INTERNATIONAL
BRASIL · EUROPA · USA · JAPÃO

Copyright© 2017 by Literare Books International
Todos os direitos desta edição são reservados à Literare Books International.

Presidente:
Mauricio Sita

Capa:
David Guimarães

Diagramação e projeto gráfico:
David Guimarães

Revisão artística:
Edilson Menezes

Gerente de projetos:
Gleide Santos

Diretora de operações:
Alessandra Ksenhuck

Diretora executiva:
Julyana Rosa

Relacionamento com o cliente:
Claudia Pires

Impressão:
Rotermund

```
Dados Internacionais de Catalogação na Publicação (CIP)
         (Câmara Brasileira do Livro, SP, Brasil)

    Kassem, Neder
       Vamos vender, pô! / Neder Kassem. --
    São Paulo : Literare Books International, 2017.

       ISBN 978-85-9455-018-7

       1. Administração de vendas 2. Clientes
    3. Empreendedorismo 4. Vendas e vendedores
    5. Sucesso em negócios I. Título.

  17-01648                                    CDD-658.81
```

Índices para catálogo sistemático:

1. Vendas : Administração   658.81

Literare Books International
Rua Antônio Augusto Covello, 472 – Vila Mariana – São Paulo, SP
CEP 01550-060
Fone/fax: (0**11) 2659-0968
site: www.literarebooks.com.br
e-mail: literare@literarebooks.com.br

VAMOS VENDER, PÔ!

ÍNDICE

	Agradecimentos	7
	Prefácio	11
	Apresentação	13
1	Como liderar com sangue, gelo, muleta e chuva	19
2	A traumática e apaixonante pastinha de vendas	27
3	Ser homem é fácil. Ser humano, nem tanto	37
4	Como obter sucesso durante a expansão de uma marca	51
5	As perguntas que toda marca em expansão deve responder	59
6	Vender é viver. Viver é vender	69
7	Vendedor profissional oferece dicas ou demonstra soluções?	79
8	Vendedor não mente, atua. Não perde, improvisa	89

9	**Como atrair grandes negócios e clientes com alto poder de consumo**	**97**
10	**Existem planos infalíveis?**	**107**
11	**Como migrar a carreira e os negócios com mínimo risco e máxima eficiência**	**117**
12	**Como fazer negócios com grandes empresários e figuras públicas**	**127**
13	**As características que enterram o vendedor ainda vivo**	**141**
14	**Segundo os pessimistas, todo mês é ruim para vender**	**151**
15	**A escassez e a coragem**	**161**
	Posfácio	**171**
	Extras	**173**
	Posfácio conclusivo	**175**

AGRADECIMENTOS

Nunca fui politicamente correto e não serei agora. Guiado pela emoção, registro minha gratidão a todos que um dia viveram comigo a intensidade das vendas, do lado de cá ou de lá da mesa de negociação. Vocês são a expressão viva de tudo que vou narrar.

Tentei desistir em algum momento, e graças aos líderes que acreditaram em mim desde o início me mantive firme na carreira de vendedor, da qual tanto me orgulho. Expresso minha gratidão e afirmo que, sem vocês, eu poderia ter algo a contar, mas duvido que seria tão feliz quanto sou hoje.

Aos meus pais, gratidão por tudo que ensinaram. Tornei-me especialista em vendas, mas a retidão de meu caráter e o eterno desejo de fazer o bem pelos clientes são frutos de suas lições.

Dona Alda, a senhora não me presenteou apenas com duas gravatas. Deu-me duas simbólicas chances de virar o jogo e acreditar no futuro. Onde estiver, receba um abraço carinhoso de gratidão.

O universo do futebol oferece múltiplas chances de

conhecer pessoas interessantes. Agradeço aos atletas profissionais que se tornaram clientes e amigos. Em especial, cito com máxima gratidão o amigo Avallone, grande comunicador, que tantas portas abriu para que eu atravessasse e encontrasse o sucesso do outro lado.

Valéria Borges, muito obrigado pelo apoio e confiança em variadas etapas de minha carreira. Saiba que quando precisar de meus préstimos, estarei sempre às ordens.

Quando as vendas apresentaram as primeiras dificuldades, Paulo Roberto Mendonça e esposa me levaram para Ipatinga, abriram as portas de sua casa, me deram teto, consideração e apoio por dois anos. Jamais esquecerei essa generosidade!

Duvido que algum homem consiga evoluir ou se agigantar na carreira sozinho...

No passado, Elaine Molina Petito e sua família acreditaram em mim e investiram em nossos projetos. Juntos, compramos brigas memoráveis. Sou e serei eternamente grato por tanta amizade, carinho e respeito.

No presente, Roberta Ribeiro Araújo é a minha grande parceira na vida e nos negócios. Dos dificílimos momentos que sempre surgem nas vendas e na vida aos brindes durante nossas vitórias, posso afirmar que é uma honra trabalhar contigo e um prazer dividir a vida pessoal ao seu lado. Você é a mulher por trás das cortinas em minha ascensão como palestrante e a entrega desse legado não existiria sem a sua participação. Eu te amo!

NEDER KASSEM

A razão de meu viver se chama Kassem Petito Kemache. Um garoto prodígio que sabe viver com intensidade. Ainda muito jovem, encarou o desgaste que toda separação prevê, mas nunca deixou de ter comigo uma relação de apoio, amor e intensidade. Espero que o livro ajude você, filho, a ser um grande homem de família e de negócios, pois nunca construí nada sem pensar em você. Obrigado, Deus, pela honra de ser pai do Kassem!

E finalmente, minha gratidão a você que se propôs a ler o que tenho a oferecer. Sou apaixonado por vendas. Porém, afirmo de coração que mais importante do que o número de exemplares vendidos é o que vai acontecer:

Se a obra te ajudar a evoluir ou impedir que algo possa te destruir, considerarei o livro um sucesso!

PREFÁCIO

Todo sonho tem relação direta com uma venda e Neder sempre diz que vender é viver. Sem sombra de dúvida, é uma verdade. Eu, meu irmão e meu pai tivemos que nos transformar em vendedores. Depois que conhecemos Neder, nossa visão sobre vendas e liderança mudou completamente.

Eu já sabia que a capacidade de Neder para vender era incomparável. Quando prestou serviços para nossa empresa, descobri também que sua capacidade de liderar era excepcional.

Como líder, Neder me ensinou coisas muito importantes. Ser amigo da equipe não é o único ou o melhor formato de liderança. É preciso ser enérgico quando a situação exige e ter cuidados com os laços emocionais e sentimentos pessoais que nutrimos por aqueles com quem trabalhamos.

Fazer tudo isso sem deixar de colocar o coração nos negócios é uma equação para poucos. Neder resolveu essa conta e, mais que isso, ainda compartilhou a resposta, tanto em seu trabalho como neste livro.

VAMOS VENDER, PÔ!

Com o autor, aprendi a enxergar o que dá e o que não dá resultado, a liderar pelo exemplo, a inflamar a equipe por meio do otimismo e da pressão, a persuadir pela paixão de vender.

Enquanto escrevia tão valiosas lições, Neder adoeceu e nossa equipe foi privada de sua companhia, suas dicas, seus puxões de orelha. Foi então que pude observar como faz falta o profissional que inspira a busca por melhores e constantes resultados.

Tornei-me melhor líder observando este cara cheio de atitudes. Em todo o Brasil, ainda não conheci alguém com melhor capacidade que o autor para abordar os temas vendas e liderança com tamanha autoridade. Olho para ele, penso no Lobo de Wall Street e no homem que ensina o ser humano a acreditar e pensar grande.

Tudo que é feito na vida, antes, é concebido na alma. Tudo que Neder plantou, foi colhido e seu primeiro livro é um desses frutos.

A vida não é feita apenas de alegrias, e como prefaciador, acho importante mencionar o momento mais negativo que tive com ele: vê-lo acamado.

Portanto, desejo ao amigo e autor sucesso com o livro, muita saúde para compor outras obras e força para fazer aquilo que nasceu para fazer: vender e liderar.

Parabéns a você que está com o livro em mãos. Neder empacotou para a eternidade 42 anos de soluções e tenho muito orgulho de fazer parte da sua rica história, que reúne vida e vendas.

Leonardo Castelo
Diretor Ecoville Brasil

APRESENTAÇÃO

Parece que foi ontem. Inexperiente e hesitante, aos 14 anos, na encantadora Belo Horizonte, galguei os primeiros degraus que me levariam a encontrar grandes conquistas comerciais e corporativas.

Desde então, foram mais de quatro décadas dedicadas ao incomparável ambiente das vendas. Até os 27 anos, pratiquei aquilo que mais ajuda a ensinar e a amadurecer um profissional da área de negócios, venda porta a porta.

Em seguida, fui responsável pela implantação dos Purificadores de Ar Europa, e chegamos a vender mais de 3 mil unidades por mês. Tínhamos um quartel-general na disputada Avenida Afonso Pena e nossa vultosa operação comercial era considerada uma ousadia para os padrões da época.

O sucesso obtido na praça mineira gerou um convite pelo qual muitos profissionais batalham a vida inteira: o presidente me desafiou a assumir a diretoria da empresa, em São Paulo. Aceitei e tributei 17 anos da carreira ao projeto, desde a estruturação até a distribuição do produto, passando pela formação e treinamento dos vendedores comprometidos com o plano.

A empresa tornou-se *case* e conquistou um número tão expressivo de PDV's que chamou a atenção de outros mercados. Todos queriam saber "o que" ou "quem" estava por trás do expressivo e contínuo sucesso que a organização conquistava.

Em seguida, emprestei minha experiência para a TIM e a Nextel. Viajei pelo mundo como executivo de vendas em busca de conquistas internacionais, pois o reconhecimento nacional já estava alcançado. Depois de obtê-las, senti que era relevante partilhar a experiência acumulada com profissionais de segmentos variados. Tornei-me palestrante e treinador com esse intuito e percorri várias regiões do Brasil, ministrando eventos.

Em Joinville, um desses treinamentos reservava algo especial. O congresso reuniu mais de 800 convidados e quando assumi o microfone, ainda não sabia, mas aquele evento me colocaria outra vez no octógono dos negócios. Tive o privilégio de dividir o palco com feras como Alfredo Rocha, William Caldas e outros grandes nomes do segmento de eventos.

Após minha apresentação, conheci os diretores da Ecoville, uma empresa fundada com empreendedorismo e pioneirismo. Os diretores ficaram impressionados com o que eu tinha a oferecer e me contrataram para treinar toda a equipe de vendas. Treinamos vendedores, lojistas licenciados e líderes. Um quadrimestre depois, outra grande colheita estava disponível como recompensa por um trabalho muito árduo, desde a mentoria aos aspectos organizacionais, das estratégias de marketing à visão expansiva e da perspectiva de futuro até a execução de excelência.

Assim que a Ecoville decidiu tornar-se franqueadora, fui outra vez contratado para a desafiadora incumbência de assumir o projeto nacional de expansão. E quem respira o oxigênio das vendas vai entender muito bem o que vou afirmar agora.

O desafio dito impossível para a maioria é um mapa para os que não sabem o que é impossível em vendas.

Por ocasião do convite, minha empresa, a Academia Brasileira de Vendas, estava nascendo, e como toda criança comercial precisava de atenção. Ainda assim, numa decisão difícil que exigiu cálculos, cronograma, estratégias e previsões, deleguei ações da Academia e aceitei a proposta da Ecoville.

Acreditei na filosofia do negócio, no conceito de vendas que a empresa oferecia e na equipe de franqueados com quem tivemos a felicidade de assinar contrato. A meta inicial da empresa era chegar a 5 mil franquias em 5 anos. Como todo bom mineiro, sempre fui muito sincero e até hoje, me lembro da resposta que dei.

— É uma meta audaciosa, e de bobos vocês não têm nada. A maior franquia do Brasil tem 4.200 franqueados. Duas possibilidades: vocês são loucos ou confiam demais em meu trabalho!

— Somos um pouco loucos e também confiamos naquilo que você é capaz de conquistar! – respondeu um dos interlocutores proprietários da marca.

Colocamos o pé no acelerador. Grandes centros

comerciais pelo Brasil abraçaram o projeto e a meta da empresa tem sido cumprida a rigor. Já formamos o case mundial de maior número de franquias fechadas na menor janela de tempo.

Quando se adquire uma franquia, os franqueadores transmitem o lado frio. No SEBRAE, sugere-se um plano de negócios. Órgãos como a ABF também oferecem subsídio regulador para proteger franqueado e franqueador. Ambos estão certos, mas oferecem obrigação. Nenhum franqueado pode começar sem capital de giro, documentação, planejamento, contabilidade eficiente e outros fatores frios, óbvios, lógicos. A resposta que poucos franqueadores conferem aos franqueados e explica exatamente "onde eu entro", diz respeito ao aquecimento da temperatura comercial e ao conjunto de reflexões que transcendem questões básicas. Por exemplo:

— Você fez todo o planejamento técnico, toda a lição de casa. E se você não vender? Vai depender somente das pessoas que entrarem em sua loja ou terá planos B e C? Definido o seu plano de negócios, qual será a estrutura, a plataforma de vendas?

O diferencial dos dois jovens que lideram a empresa de sucesso preenche a lacuna deixada pelas perguntas que acabei de levantar e por isso aceitei assumir o projeto de expansão. Embora tenham meu respeito, órgãos de assessoria ao franqueado não se bastam para respostas empreendedoras e comerciais. Como uma grande faculdade de negócios, ensinam as matérias técnicas, enquanto as decisões especializadas se reservam ao *know-how* de quem já viveu a dificuldade de fazer uma marca encontrar posições elevadas em mercados incertos e contra os concorrentes de peso.

Leandro e Leonardo, proprietários da marca Ecoville (e não representam uma dupla de música sertaneja), começaram o próspero negócio numa Kombi caindo aos pedaços, fabricando o produto-chave da empresa à noite e vendendo-o no dia seguinte.

Os irmãos tiveram a audácia de disputar espaço com os maiores fabricantes de produtos de limpeza do planeta. Tamanha ousadia foi determinante para mim. O desafio me motivou a aceitar esse projeto de expansão, e como todo combatente dos negócios sempre gostei de grandes e memoráveis batalhas.

Achei importante mencionar um *case* recém-conquistado na introdução da obra, mas a proposta dos relatos é bem mais abrangente e ultrapassa as vitórias da Ecoville. Vou legar tudo que aprendi em mais de 40 anos, sem medo de detalhar insucessos, com o orgulho de narrar conquistas e a emoção de apresentar personagens importantes em minha vida comercial, como meu pai e dona Alda. O primeiro me ensinou que é possível vender "no andar de cima", para grandes empresas e personalidades. A segunda me mostrou que o vendedor desdenhado, humilhado e provocado hoje é o que mais terá chance de se transformar no melhor amanhã.

Desejo que faça excelente leitura e prometo registrar um conteúdo que agregue valor ao seu exercício diário de vender e viver, duas questões indissociáveis e magníficas!

CAPÍTULO 1

COMO LIDERAR COM SANGUE, GELO, MULETA E CHUVA

NEDER KASSEM

Escolhi o título como uma forma de desabafo. Sempre usei essa frase ao término de minhas reuniões. Na prática, equivaleria a dizer "vamos vender, porra" e, como o palavrão ficaria muito agressivo aos olhos mais sensíveis, optamos por simplificar com "pô".

Nós, vendedores, lidamos com todo tipo de problemática. Os clientes podem até ter razão, mas não são exatamente "santos". Alguns prometem fechar negócio e nos deixam falando sozinhos. Outros, preocupam-se com a própria empresa e não conosco. Ainda assim, vivemos de vendas e não de teorias. É impossível viver de "não". No máximo, lidamos com a negativa para sair em busca do contrário, e o fato é que vivemos do "sim". É aí que entra o "vamos vender, pô", como estratégia para nos sacudir e parar de lamentar ou criticar cliente.

VAMOS VENDER, PÔ!

Vendedor que carrega pasta a vida inteira e não lidera equipes tende a desanimar. Vários gurus de vendas defendem que esses têm o direito de fazê-lo e os protegem por meio da afirmação "alguns não nasceram para liderar". Eu discordo com veemência!

Quase todos os vendedores têm capacidade para comandar equipes, desde que se preparem, estudem, pesquisem, paguem o preço da evolução na carreira, façam seus liderados ganharem dinheiro e tenham a consciência de que, mesmo à frente do time, deverão continuar vendedores junto com a equipe, em vez de colocar o imaculado manto de chefe.

O século XXI virou a chave para a liderança de vendas e surgiram muitos líderes comerciais mornos, com discursos inflamados e ações contrárias ao que dizem. Prometem defender sua equipe e, no máximo, protegem o próprio emprego.

Saudosista, afirmo que no passado usei estratégias de general e colhi muito resultado. Até hoje, na empresa Purificadores de Água Europa, os mais antigos podem confirmar "causos" que viraram lenda.

Certa vez, uma campanha de vendas se desenrolava e restavam dois dias para o término. A regra da campanha previa a obtenção da meta coletiva e faltava um bocado.

O prêmio da campanha seria a potente CB400, rainha das motos na década de 1980, e um dos vendedores disparou na frente. Dificilmente, os demais o alcançariam. Convoquei uma reunião.

— Ele disparou e vocês deixaram de lutar. Jogaram a toalha e se conformaram que a moto será dele. Reconheço que é quase impossível alcançá-lo. O problema é que vocês não estão agindo nem a favor e nem contra. Ele só vai ganhar a moto se o ajudarem. A meta da campanha é coletiva. Como vai ser? Vamos trabalhar em equipe?

Chamei o vendedor que estava em primeiro lugar. Alguns meses antes da campanha, seu filho tinha se recuperado de uma doença que quase lhe custara a vida. Perguntei a ele, na frente de todos:

— Por que você quer ganhar a moto?

— Para realizar o sonho do meu filho, colocá-lo na garupa e acelerar, sentindo o vento no rosto!

Foi uma choradeira geral. Todos se comoveram com o propósito e prometeram se esforçar ao máximo para ajudar o colega. A moto estava estacionada nessa sala de reuniões. Fiquei tão entusiasmado que dei um chute na CB e disse:

— Vocês vão deixar uma criança na mão? Essa moto tem que sair daqui amanhã de qualquer jeito!

Deixei a empresa tarde da noite e, enquanto dirigia, senti uma dor lancinante. Olhei para o pé que usei ao chutar a moto, horas antes. Estava inchado. Deixei o carro, fiz sinal para um táxi e fui ao hospital. No calor da reunião, com o sangue quente de vendedor correndo pelo corpo, não senti nada. Mas o raio x não deixava dúvidas. Chutei com tanta força que o pé estava quebrado.

No dia seguinte, de gesso e muleta, cheguei bem cedinho, convoquei uma reunião e incitei meu time.

— Na reunião de ontem à noite, fiquei tão animado que quebrei o pé ao chutar a moto. O médico me pediu que ficasse 15 dias em casa. Sabe o que eu fiz? Rasguei o atestado e corri pra cá assim que o sol nasceu. Eu tenho uma campanha pra liderar e um vendedor pra premiar. Tá vendo essa muleta? Vou arremessar na cabeça de quem não ajudar nosso amigo a realizar o sonho do filho!

    A campanha foi um sucesso. Batemos a meta com folga, o sonho do filho de nosso vendedor foi realizado e a história entrou para as memórias comerciais da empresa.

    No ano seguinte, outra campanha estava a todo vapor e uma meia dúzia de vendedores tentava contaminar a equipe. Afirmavam que estava difícil, que os clientes não estavam comprando, que o mês era fraco e assim por diante.

    Olhei para o púlpito. Alguém tinha deixado ali um pincel atômico, um apagador e um estilete. Foi aí que tive a ideia. Peguei o estilete, fiz um pequeno corte no braço e o sangue escorreu. Esfreguei o sangue no próprio rosto e gritei o mais alto que consegui:

— Vendedor pessimista nunca vai conquistar nada na vida ou nas vendas. Vocês têm sangue ou groselha correndo pelas veias?

    Finalizei a reunião com a cara toda vermelha, a roupa respingada do próprio sangue e o time motivado. Até hoje, carrego uma pequena cicatriz no braço.

    Outra vez, batemos a meta e nunca mais ninguém reclamou de mês fraco. Para 2017, talvez exista quem possa afirmar que isso é assédio moral. Depende...

    Não é o que o líder faz que tiraniza, humilha ou aborrece a equipe. É como ele faz. Quebrei o próprio pé e dei o próprio sangue. As equipes entenderam e aprovaram. Não fiz jogo de cena e não previ nada disso. Simplesmente fiz com total autenticidade. O que me incomoda não é a constatação de que ninguém reproduza algo dessa natureza. O que me irrita mesmo é uma reunião morna de vendas, em silêncio, com uma música clássica ao fundo e um copinho de água para cada vendedor. Que meta será batida dessa maneira?

Vamos botar temperatura nisso, pô!

O líder não quer dar o sangue e nem quebrar o pé? Compreendo, isso é radical e intenso. Então, que dê vivacidade na busca pela meta que a empresa definiu e aqueça a equipe!

Com o time interno de vendas motivado e pronto para o que viesse, era a hora de tirar a equipe externa da zona de conforto.

Quem trabalha em São Paulo bem sabe que o epíteto "da garoa" não é exagero. O problema é quando os vendedores externos usam a chuva como pretexto para visitar pouquíssimos clientes.

Dia de reunião. Cheguei ao escritório às 7h. Estava cansado desse argumento. Era inverno e a temperatura estava próxima de 18 graus. A reunião com os externos estava marcada às 8h. Solicitei um balde com água e bastante gelo à dona Lourdes, a senhora da copa.

Comecei a reunião, disse bom-dia a todos, peguei o balde e o despejei sobre o próprio corpo. Foi o banho mais gelado que tomei em toda minha vida. E disse à equipe:

— Vocês reclamam que a chuva atrapalha? O que atrapalha mesmo é chegar ao fim do mês com pouco dinheiro no bolso e meta da empresa descumprida. Quando o filho pedir alguma coisa e o vendedor não tiver dinheiro, o que vai dizer ao pequeno? Que a chuva atrapalhou as vendas e papai não teve um salário decente?

Depois desse dia, quando chovia durante nossa reunião de vendas, eu levava a equipe para fora e discutíamos as estratégias debaixo d'água. Nunca mais ninguém reclamou e, além disso, o time externo deslanchou. Pergunte-me se alguém da equipe achava ruim fazer reunião sob a chuva. Ao contrário, virou uma sensação.

Nós parecíamos um agrupamento do exército em exercício pré-guerra. É de atitudes assim que sinto falta na liderança contemporânea de vendas. Tudo bem que não é fácil ou possível replicar a exatidão do que fiz. Reconheço que foram ações intensas, inusitadas e ressalto, porém, que não fazer nada intenso também é complicado.

O vendedor vai tentar vender ideias derrotistas ao seu líder. Cabe ficar claro que líderes firmes não devem comprá-las e muito menos podem levá-las à diretoria da empresa, como se fossem a expressão da verdade.

Numa corrente, o vendedor diz que o mercado está ruim e o líder replica a informação aos gestores. Quando se reúnem com a cadeia fornecedora, esses gestores mais uma vez afirmam que o mercado não vai bem e, por sua vez, os fornecedores vão até a imprensa dizer que o mercado está em crise. No dia seguinte, o vendedor, primeiro personagem da cadeia cíclica e falsa de informações, abre o jornal e vê a estampa da crise na capa. Sabe o que ele diz aos colegas?

— Não falei que o mercado estava em crise? Veja aí...

Ninguém nasce sabendo vender e liderar. Eu também dei muita cabeçada nessa vida. No próximo capítulo, vou começar a abrir o mapa dos erros e acertos.

E vamos vender, pô!

CAPÍTULO 2

A TRAUMÁTICA E APAIXONANTE PASTINHA DE VENDAS

Variados sonhos de futuro cercam a infância. O menino se imagina em profissões como bombeiro, policial, médico, soldado, escritor ou desenhista. A menina sonha com carreiras como modelo, cantora, atriz e até princesa.

Incomum mesmo, seja menino ou menina, é encontrar a criança que alegue ter o sonho de ser vendedora. Eu não fui diferente e não nasci emitindo pedido, como muitos supõem. Embora seja filho de libaneses, povo de tato inquestionável para negócios, não tinha a menor habilidade e nenhuma vontade de entrar para o mundo das vendas.

Meu pai chegou ao Brasil tão logo a maioridade e a dor da perda permitiram, refugiado daquela insana guerra que jamais acabou. Em menos de três meses, ele perdeu mãe e pai. Uma bomba tirou a vida de minha avó e pouquíssimo tempo depois, fulminante ataque cardíaco

VAMOS VENDER, PÔ!

levou meu avô. Muitos afirmam que o avô teria morrido de desgosto e saudade, inconformado por perder a esposa de maneira tão insensata.

Nada mais conectava meu pai ao lugar que testemunhou seu nascimento. Juntou o parco vestuário e o mínimo de dinheiro que tinha. Embarcou num navio cargueiro sujo e lotado para uma viagem de quase sete meses rumo ao Brasil, sem saber se chegaria vivo e saudável ou se adoeceria e seria jogado ao mar, ao curso do longo trajeto.

O destino ajudou e meu pai chegou bem ao Brasil. Não falava uma só palavra em português, mas trazia no DNA a arte da negociação. Contribuindo com a previsível estatística, partiu para a Rua 25 de Março e assumiu a função de vendedor, que lhe permitiu construir família, formar seu lar e assumir um padrão de vida, senão milionário, no mínimo bem confortável.

Passei a infância em Divinópolis. Aos 14 anos, decidi seguir até Belo Horizonte para estudar no curso técnico de administração da capital e arranjar um emprego. O primeiro desafio foi convencer meus pais dessa mudança, e como sempre fui birrento consegui. As instruções de minha mãe foram claras.

— Está bem. Chegando lá, matricule-se também num curso de datilografia e consiga um empreguinho para se sustentar.

Meu pai foi até Belo Horizonte a fim de ajudar com a papelada do aluguel da pensão. O lugar consistia num quarto de aproximadamente 30 m² dividido por 12 pessoas. Não importava quantas vezes fosse limpo ou quanta força se usasse no esfregão. No fim, o impregnado odor de chulé reinava absoluto sem dar chances ao oxigênio puro.

NEDER KASSEM

Para respirar bem, era necessário sair do quarto. Eu dormia num beliche de colchão fino, sentindo o chulé de sempre e escutando a sinfonia que o ronco dos amigos formava. Como a maioria deles comia o famoso PF sempre carregado de muito feijão e ovo, vez ou outra um deles misturava o cheiro de chulé com outro bem pior.

Eu não me importava com nada disso. Vibrava com a sensação de independência. Pela primeira vez na vida, fazia alguma coisa mais amadurecida e distante das asas dos pais. Ainda estava fresca em minha memória a conversa que escutara entre eles, uma noite antes da viagem. Insone que estava, passei pelo quarto dos meus pais e minha mãe sussurrava.

— Nemer, ele ainda é muito novo. Vai arranjar problemas. Não é melhor a gente esquecer esse assunto?

— Vamos deixar, Lucia. Isso não vai dar em nada. Vou pagar os dois primeiros meses de colégio e pensão. Assim que acabar o dinheiro, ele vai voltar. Pode ficar tranquila!

O diálogo que escutei mexeu com o brio. Recordo-me ainda hoje dos pensamentos que tive.

Vou provar ao meu pai que sou diferente do que ele imagina, que sou homem!

Não foi uma reflexão de ira. O que ecoava dentro de mim era determinação. No fundo, sabia da boa intenção paterna. Ele tinha qualquer esperança de que eu fracassasse e voltasse ao seio do lar.

No dia seguinte, a bordo do fusca azul-piscina e a caminho do pensionato do chulé que já comentei, só pensava na alegria daquela oportunidade e nem comentei o que escutara. O choro dos irmãos e da mãe, a tristeza estampada – e disfarçada – no semblante do pai, o chulé reinante naquele quarto, os poderosos gases que aliviavam o estômago dos amigos de pensão, o desconfortável beliche e a distância de casa mexiam comigo. Sentia saudade da minha Divinópolis, mas nem mesmo o saudosismo me impediria. Estava determinado.

No primeiro dia, fui em busca de emprego. Pedi indicação aos chulezentos – e, diga-se, para não ser injusto, bem gentis – amigos de pensão. Conversei com a dona do estabelecimento, procurei anúncios de emprego no jornal e nada...

Estudava em período noturno e, após mais de um mês sem emprego, a profecia de meu pai parecia perigosamente próxima. Até que numa manhã, encontrei o anúncio da oportunidade e quem conhece Belo Horizonte bem sabe onde fica o endereço: Rua Tamoios, 200 – 9º andar, esquina com a Avenida Afonso Pena, sede do famoso prédio *Lavourinha*.

O serviço-objeto da contratação era venda de seguros. O empregador foi sucinto e rígido.

— Você tá vivo e tá respirando? Então pegue uma pasta e vá vender!

Foram 15 dias de treinamento com foco no mercado securitário. Era tímido e não carregava nenhuma característica dos despojados vendedores que conheci. Hoje, amadurecido como homem de negócios e depois de tantas conquistas advindas do mundo das vendas, não tenho nenhum problema em assumir: não vendia porque não trabalhava. Não sentia nenhum orgulho do que fazia e tampouco valorizava a profissão de vendedor.

Entrava em botecos de duvidosa higiene para comer qualquer coisa que o pouco dinheiro pudesse pagar, olhava para a pasta fixada sob o braço direito e me via a refletir que seria bem melhor lavar pratos e copos sujos naquela pocilga do que ficar zanzando por aí, passando vergonha como vendedor.

Nunca teria sucesso se insistisse em pensar dessa forma e permanecesse a enxergar a profissão de vendedor como a pior, dentre todas. Contudo, um amigo de curso técnico, bem mais experiente, que já atuava como gerente administrativo da empresa de ônibus Gontijo, ofereceu a solução.

No futuro, o sucesso em vendas me permitiria conhecer e fazer amizade com a alta cúpula dessa empresa que sempre se destacou entre as maiores do transporte interestadual. Isso seria celebrado bem adiante. Naquele momento, não passava de um envergonhado vendedor que não tinha dinheiro nem mesmo para o próximo aluguel. O amigo fez uma oferta que me fez vibrar de novo.

— Vou te arranjar um emprego como *office-boy* na Gontijo. Você vai receber um salário mínimo. Passe na área de recursos humanos, faça a ficha e dois dias depois poderá começar.

Assim fiz. Depois de tudo formalizado, procurei pelo amigo, que foi mais uma vez muito atencioso.

— Na segunda-feira, antes de seguir para o seu setor, passe por aqui. Vou te ambientar na empresa e apresentar algumas pessoas. Boa sorte!

VAMOS VENDER, PÔ!

Deixei a Gontijo feliz da vida. Só pensava em atirar o mais longe possível aquela pasta ridícula. Não precisava mais dela. Agora tinha um emprego com benefícios e garantias. Passei o final de semana costurando planos e imaginando o que faria com o salário. Telefonei aos meus pais e disse, todo orgulhoso, que agora sim tinha uma colocação profissional, expressão chique que na época marcou moda.

Estava muito ansioso. Depois de um final de semana "bem mais longo" que os demais, enfim chegou a segunda-feira. Pulei da cama com muita antecedência, tomei um longo banho e usei o pouco dinheiro que tinha para me presentear com um café de manhã bem servido na lanchonete da esquina.

Segui para a empresa. O amigo me pediu que chegasse às 9h. Mineiro *não perde o trem* e por isso cheguei às 8h. A recepcionista informou que eu deveria aguardar. Às 9h15m, sentado naquela recepção, comecei a olhar para o relógio. Às 10h, estava mais ou menos em pânico.

Fui chamado às 10h30. Sentei-me e fiquei mais tenso ainda quando percebi o olhar de aflição e constrangimento do amigo de curso. Ele foi direto e despejou do jeito que deu.

— Olha, Neder, sinto muito. O dono da empresa disponibilizou a vaga para um sobrinho. Peço desculpas, só fiquei sabendo hoje pela manhã. Infelizmente, não poderei contratar você!

Apertei-lhe a mão e deixei a sala em silêncio. Não queria chorar na frente dele. Foi como um murro no queixo. Saí desesperado. Sentei-me na calçada e chorei como criança. Quando consegui estancar o choro, voltei ao escritório de seguros com a intenção de entregar a pasta e desistir.

Desistir "de quê", Neder? Você não tá fazendo porra nenhuma! Escutou o pai dizer que voltaria para casa como uma criancinha desamparada, prometeu a si que isso não aconteceria, convenceu-se de que era homem, que era um cara diferenciado e aí está você, choramingando!

Era mais ou menos isso que uma voz dentro de mim alertava e não estava errada. Eu agia como imaturo e preguiçoso. Quem quisesse me encontrar precisava apenas aparecer na Toca da Raposa, concentração do Cruzeiro. Torcia pelo Corinthians, mas sempre fui apaixonado por futebol e estava muito próximo do centro técnico deles. E lá estaria eu, assistindo aos treinamentos e *tietando* craques. Bem mais tarde, adulto formado pelas dores da vida e pela pressão do mundo dos negócios, receberia o autógrafo desses atletas *em cheque*, como consultor. Viria a me tornar um dos profissionais de vendas que mais negócios fechou na área do futebol. Mas, por aqueles idos, me comportava como um preguiçoso aspirante a vendedor e fanático por futebol, em busca do gratuito autógrafo numa folha de papel e ansioso por mandar às favas aquela pastinha e o mundo das vendas.

O tempo é sábio e conselheiro senhor. Mais de 40 anos depois desses episódios, depois de aprender com a vida e as dores, uso uma frase em minhas palestras, com a qual hoje me identifico por missão e essência.

Tudo depende daquilo que pensamos e da atitude que adotamos.

VAMOS VENDER, PÔ!

Aos 15 anos, ignorava isso por completo. Se pensasse com esse nível de excelência naquela época, não teria comido um PF – prato feito – a cada 15 dias. Refletia negativamente e adotava a preguiçosa atitude de nada fazer, escondido ou defendido pelos escudos da timidez e da insegurança.

E por falar em PF, no próximo capítulo, vou revelar a experiência de um cara que aprendeu as lições propostas pela vida. Fez toda diferença para mim e pode fazer para você.

E vamos vender, pô!

CAPÍTULO 3
SER HOMEM É FÁCIL.
SER HUMANO, NEM TANTO...

3

Quando escutei o pai dizer que eu voltaria para casa sem dinheiro, sem emprego e de matrícula trancada no colégio, prometi intimamente que não aconteceria.

Aos 11 anos, passei por uma experiência que amadureceria qualquer pessoa e, em partes, essa promessa partiu da premissa de que aos 15 eu imaginava que já fosse "homem amadurecido".

Em algumas palestras e entrevistas, ao partilhar a história que narrarei neste capítulo, encontrei reações diferentes. Alguns ficaram estupefatos e outros riram muito. Não importa qual será a sua reação. De qualquer modo, não poderia lançar mão de dividir a experiência que foi pobre do ponto de vista da atitude e rica, muito rica, segundo a perspectiva do aprendizado.

Alguns anos antes de encarar o pensionato do chulé, aos 11, já era entusiasta e apaixonado por futebol. Passava quase o dia inteiro jogando bola. Numa dessas ocasiões, cheguei em casa por volta das 19h, sem almoçar, só com o café da manhã.

Procurei por minha mãe na cozinha e não a encontrei. Ela estava na sala, acompanhada por visitas. Sem nenhum lampejo de educação, sem dizer ao menos "boa noite", já disparei.

— Mãe, cadê minha comida? Quero comer. Tô morrendo de fome!

Ela não se deixou afetar. Sorriu com delicadeza para as visitas, olhou para mim com afeto e, sem alterar o tom de voz, me orientou.

— Vá tomar banho, Neder. Enquanto isso, vou preparar algo para você comer.

Faminto e impaciente, tomei o banho mais rápido do mundo. Quando voltei à cozinha, o prato já estava sobre a mesa e o aroma da comida aguçou ainda mais o apetite. Não era um prato qualquer. Mãe sabe os segredos para fazer um filho feliz e o meu favorito estava ali, arroz, feijão, bife, batata frita e ovo.

Quando dei a primeira garfada na gema do ovo, o líquido amarelo avançou pelo prato como as lavas de um vulcão enfurecido.

Em Minas Gerais, chamamos de ovo mole. Alguns adoram. Não era o meu caso. Minha mãe sabia disso e, provavelmente, como estava dando atenção à visita, fritara o ovo às pressas. Dominado pela egoísta imaturidade típica dos pré-adolescentes, dei um *show*. Fui até a sala, onde ela recebia seus convidados e gritei o mais alto que consegui.

— Como é possível colocar um ovo mole no meu prato? A senhora sabe muito bem que eu detesto!

As visitas ficaram chocadas. Humilhei minha mãe sem que houvesse nenhuma necessidade. Na mesma noite, quando chegou do trabalho, meu pai pegou o cinturão de fivela larga e deu aquela coça. Até hoje, carrego no corpo as marcas daquele dia.

Quatro anos mais tarde, no pensionato do chulé, eu imaginava que já era homem, sem perceber o que hoje, depois da curva de maturidade que o tempo presenteia, posso conferir.

Não adianta ser homem e às vezes, esquecer-se de ser humano, tal qual a condição existencial.

Uma pessoa de minha extrema confiança teve acesso ao conteúdo da obra antes que estivesse nas prateleiras e me parabenizou pela coragem de revelar segredos tão íntimos. Eu respondi o seguinte:

— Vendedores precisam entender que somos imperfeitos, cheios de falhas. Não podemos deixar de amadurecer e, principalmente, de nos perdoar e pedir perdão pelas falhas.

Eu tive a chance de pedir perdão à minha mãe por este dia e ela me perdoou. Da mesma forma, perdoei-me pela atitude. Na outra ponta da cinta, perdoei e entendi meu pai. Não deve ser fácil chegar em casa e descobrir que o filho por ele educado foi ríspido com aquela que o trouxe ao mundo.

Depois desse ciclo de perdão, atingi diversos *cases* e o sucesso bateu à minha porta, e essa experiência vale ser compartilhada; vendedor que carrega mágoas pessoais ou não se perdoa não consegue sair do lugar. Além disso, compartilhar sucesso é fácil. Difícil mesmo é abrir o coração e relatar períodos da vida em que fomos fracos ou até mesmo covardes.

Depois da coça, do perdão alheio e do perdão pessoal pela atitude indigna de orgulho, a vida me reservava outra lição final envolvendo ovo de gema mole.

O episódio que narrarei agora permitiu constatar que se eu desejava o sucesso, meu estilo mental de ver a vida exigiria imediata mudança e abrangência. A coça ajudou para me ensinar a ser humano. Faltava aprender a ser homem, e como a vida nunca falha não tardou para que o segundo aprendizado surgisse.

De volta ao pensionato do chulé, mais ou menos a cada 15 dias era possível comer um PF. Nos outros dias, como a grana era curta, o jeito era se virar nas lanchonetes, com salgados visitados pelas moscas e endurecidos pelo tempo. As iguarias eram servidas em formato de surpresa. Um dia, esses salgados eram carregados de tempero e noutro, pareciam não ter tempero algum. Cansado disso, naquele dia, eu estava com muita vontade de comer um PF. Não tinha dinheiro suficiente e meus amigos chulezentos não falharam. Uma moeda de cá, outra de lá e eu já poderia almoçar. Como afirmei, eram chulezentos, mas companheiros.

Optei pelo restaurante ao lado da rodoviária, lugar agitado e lotado, de público-alvo formado por operários. Começava por volta de 11h e seguia até 15h. Tinha um jeito peculiar de servir que marcou época e garantiu casa cheia o tempo todo.

O balcão era um pouco inclinado e quando o prato ficava pronto, o garçom arremessava ao cliente, que precisava ter atenção para agarrá-lo. Aquilo virava um grande jogo e cada cliente do balcão atuava como goleiro.

NEDER KASSEM

Comprei minha ficha de PF – ainda me recordo que tinha o número 47 – e com a senha na mão, fiquei aguardando. Quase uma hora depois, faminto como um leão em jejum, gritaram o 47 e me preparei para agarrar o prato com a habilidade dos goleiros Dida, Gilmar e Cássio juntos, os melhores que passaram pelo Corinthians.

O prato vinha deslizando e meu olhar estava fixo no movimento. Estiquei os braços e como um gato, consegui segurá-lo. Mas, o prato vibrou pra lá e pra cá, fazendo aquele ruído típico.

A movimentação fez o ingrediente que estava por cima respingar e foi aí que a vida me ensinou a ser homem. Esse ingrediente era um ovo que eu tinha pedido. Estava mole, tão mole que bastou o prato vibrar um pouco para espirrar longe. Tão mole que faria o ovo fritado por minha mãe parecer bem passado. Da clara à gema, estava quase líquido.

Do lado de lá do balcão, estava a pessoa que me serviu. O cidadão era o homem mais alto que eu já tinha visto. Trabalhava até meio curvado, para não bater a cabeça na parede. Meus dois braços juntos não dariam um braço dele. Suas mãos serviriam para trabalhar na estiva e tenho certeza de que daria conta de levantar um saco de grãos com dois ou três dedos.

Perdi a paciência. Pulei o balcão e surpreendi o gigante. Com a mão esquerda ainda respingada pelo ovo mole, apertei o colarinho de seu avental e cerrei o punho direito, pronto para desferir o mais potente soco que fosse possível. Os colegas do gigante me seguraram e até alguns clientes pularam o balcão para apartar aquilo que seria o início de uma memorável briga, da qual eu certamente não acabaria vitorioso.

Não. Isso talvez até tenha se passado pela minha cabeça. Falando sobre o que de fato fiz, olhei para o gigante. Fixei o olhar no prato e prestei muita atenção ao ovo que escorria pelo arroz. Não disse uma palavra. Naquela lanchonete lotada, ninguém soube que eu não gostava de ovo mole. Abaixei a cabeça e comi em absoluto silêncio. Aprendi que covardia é ter coragem para gritar com quem amamos e, ao mesmo tempo, é não ter coragem de gritar com quem tememos.

Importei a lição para o mundo dos negócios. Através da perspectiva comercial, somos gigantes cruéis e letais com os concorrentes de menor expressão e, às vezes, falta coragem para enfrentar os gigantes do mercado, onde se escondem as maiores oportunidades.

O gigante por trás do balcão me ensinou a ser homem e não faz a menor ideia de quanto colaborou para minha ascensão na carreira e crescimento como ser humano. Depois disso, com muito prazer, eu como ovo mole, frito, mexido, cozido, poché, ovos Benedict, omelete e suflê. Quando contei para minha mãe, eu e ela demos muita risada desse segundo episódio da gema mole em minha vida.

É disso que vamos tratar adiante. Os maiores desafios dos vendedores não se resumem a produtos e técnicas. A rota para vencer prevê conhecer pessoas, conhecer-se, admitir o erro e o medo diante do desconhecido.

Eu não tinha planejamento, meta e, até ali, não valorizava a profissão de vendas. A combinação entre os eventos da gema mole e a leitura da obra "Do fracasso ao sucesso na arte de vender", de Frank Bettger, me fez mudar. Decidi encarar a carreira.

Chegava ao fim a dificuldade e a insegurança que sentia ao falar com profissionais liberais, empresários e pessoas influentes. A reflexão que salvou o início de minha carreira surgiu como se fosse uma luz. Pensei:

Neder, se você tem dificuldade para encarar pessoas de classe média e alta, por que não inicia o trabalho de vendas com as pessoas mais simples?

Assim fiz. Comecei a oferecer seguros para o setor de construção civil. Tomava café e até dividia marmita com operários. Tomávamos um trago de pinga e fazíamos negócios. Em Minas Gerais, quando queremos algo e insistimos muito para obter, costumamos dizer que ficamos *manicados* com aquilo.

Não consegui um emprego fixo na Gontijo e fiquei *manicado* com o setor, que foi o segundo segmento a testemunhar meu empenho como vendedor. Na construção civil e no setor de transportes, as vendas começaram a fluir e aquela pastinha que outrora me causara ojeriza, agora representava aquilo que o manche significa para o piloto de avião. Dava-me senso de direção e desejo contínuo de ser cada vez mais preciso.

Por volta de meia noite, os motoristas estavam estacionando os ônibus na garagem e meus concorrentes estavam dormindo. Eu estava lá para aproveitar a oportunidade, conversando com um e outro, vendendo seguros para esse e aquele.

Um dos supervisores da garagem fez a indicação que

mudou tudo. Era um daqueles dias sorridentes e fui conhecer o vice-presidente do Cruzeiro, que por sua vez era dono de uma empresa de transportes.

No dia marcado, quando entrei em sua sala, não sei se foi a requintada decoração, com a qual não estava acostumado ou a proximidade com alguém tão importante. O fato é que estava visivelmente nervoso e quando o executivo me perguntou se estava me sentindo bem, abri o jogo e fui sincero.

— Não estou nada bem. Estou muito nervoso. É uma honra estar em sua sala. O senhor é referência para mim. Tenho desenvolvido seguros em empresas de ônibus e o meu sonho é fazer um trabalho na Toca da Raposa.

Com muita gentileza, pediu que me servissem água e café. Sentou-se, fixou um olhar de seriedade e ainda me recordo de suas palavras.

— Gostei de você, Neder. Não vou fechar seguro contigo, mas vou te indicar para algumas pessoas!

Promessa cumprida, indicou Wilson Piazza, volante que tantas alegrias trouxe ao Cruzeiro. Piazza não apenas comprou comigo. Um dia, comentei com o jogador que era corintiano de coração, mas assíduo visitante da concentração cruzeirense, pela proximidade de minha residência.

Piazza perguntou por que nunca tinha me visto por lá. Fui franco e disse que os seguranças sempre me barraram. Seu semblante mudou. Pareceu meio irritado e disparou uma ordem.

— Neder, vou te levar à Toca da Raposa!

Quando chegamos e o segurança me viu sentado no banco do passageiro do veículo de Piazza, tudo que fez foi um aceno resignado e positivo de cabeça.

NEDER KASSEM

Se eu disser que não senti um gostinho de satisfação, serei o autor mais falso do Brasil. Depois de tanta grosseria, naquele dia o segurança estava "abrindo a porta da frente".

Seguranças e clubes à parte, o fato é que comecei a gostar do negócio e valorizar a profissão. De indicação em indicação, por 4 anos, vendi seguros e conquistei resultados expressivos. Porém, nada que pudesse ser considerado um enorme feito. Atingia resultados muito próximos da meta e, em cada um desses 4 anos, as palavras de meu pai ecoaram em minha mente.

— Não seja vendedor, Neder. Isso não é para você e não dá futuro!

Eu não me conformava. O homem que veio do Líbano com a roupa do corpo, algumas poucas mudas e pífios trocados no bolso, tornou-se vendedor, estruturou uma fábrica de confecções em Divinópolis, teve bons resultados e ainda assim, era o primeiro a me desmotivar e desvalorizar a profissão.

Depois que assumi um cargo de liderança e pude fazer cada participante da equipe aquilo que não fizeram por mim, posso dizer que de fato me encontrei com o perfil e a missão que me foi destinada. Em cargos como gerente, supervisor e diretor, comecei a conquistar prêmios e resultados inéditos, muito acima da média. Hoje, enquanto preencho as páginas de meu legado executivo, consigo entender aquilo que meu pai quis dizer.

Ele não queria que eu pensasse de modo pequeno ou restrito e fez o possível para evidenciar que meu destino era maior e que muitas empresas precisariam da minha experiência. Sabe por que ele não disse isso com todas as letras e todos os pingos nos "is"?

Meu pai queria que eu identificasse a missão profissional sozinho. A cultura libanesa não dá respostas de mão beijada. A informação é decodificada para que a pessoa possa amadurecer, ponderar, estruturar, caminhar e comemorar grandes resultados.

Eis a dica final do capítulo. A covardia foi sábia conselheira em minha vida, por meio do ovo mole. Meu pai foi sábio conselheiro, mediante o cuidado que teve para me fazer ver novos horizontes, em vez de descortiná-los para mim. Minha mãe foi sábia conselheira, pois poderia ter batido em mim na frente das visitas e calou-se, decidindo lavar roupa suja em casa. O medo e a preguiça de vender foram sábios conselheiros. Sem eles, eu não teria amadurecido. E por fim, o grandalhão que serviu a gema mole foi sábio conselheiro. Sem ele, eu não teria percebido que ser homem é difícil. Porém, ser humano é muito mais...

Corajoso não é o homem que troca socos com outro maior para provar que é mais homem. Corajoso mesmo é quem aprende que sempre haverá alguém, de qualquer tamanho, pronto para lhe arrebentar e, de maneira inteligente, prefere a paz.

Corajosa não é a empresa que troca socos com outra maior ou menor para provar que é melhor. Corajosa mesmo é a empresa que aprende, de maneira justa e madura, a disputar com a maior e frear o avanço da menor. É assim que se belisca valiosas fatias do *share* de cada uma delas.

Os jogadores Piaza, Roberto Batata, Nelinho, Tostão, Dirceu Lopes (e quase todos os funcionários de sua confecção), Toninho Cerezo e muitos outros se transformaram em clientes meus.

Com frequência, evidencio em meus times de vendas que o amigo de meu amigo é também meu amigo. Padre conversa com padre. Idem para jornalistas, operários, prostitutas, engenheiros e assim por diante. Quando o vendedor começa a se especializar, seu próximo movimento é identificar o perfil, aquilo que há em comum entre essas classes, como eu fiz para obter êxito e vender ao público do futebol.

Do jeitão de falar ao estilo de cabelo, do tênis que estava na moda aos restaurantes mais frequentados, jogadores têm muitas características em comum, assim como os clientes de todos os segmentos. Poucos vendedores – e espero que a partir deste livro, isso possa mudar – aprendem as três regras estratégicas da venda diferenciada.

1. Traçar perfis;
2. Identificar a necessidade comum entre grupos afins;
3. Preencher tais necessidades sem atuar como vendedor (a) comum.

E a pergunta final, para que possamos refletir: quem é o sábio conselheiro que te faz evoluir como ser humano e profissional?

Antes de crescer, precisei aprender o conceito de ser humano, razão pela qual os dois primeiros capítulos foram dedicados à minha origem e às raízes, sem as quais nada somos.

E vamos vender, pô!

Nos próximos capítulos, vou relevar tudo que você precisa para vender ou liderar grandes projetos e equipes de vendas...

CAPÍTULO 4
COMO OBTER SUCESSO DURANTE A EXPANSÃO DE UMA MARCA

4

A ansiedade já foi protagonista na história de muitas marcas que tentaram crescer no complexo mercado brasileiro, cuja economia nunca foi propícia aos que desconhecem as características tão particulares do nosso consumidor.

Tudo começa com a escolha dos parceiros estratégicos. É de suma importância ponderar e aferir o nível de comprometimento e contrapartida que esses parceiros estão dispostos a assumir. Certa vez, à frente do processo de expansão da Ecoville, deparei-me com um empresário irritado que planejava adquirir várias franquias, mas freamos alguns de seus benefícios, ele supunha que de alguma maneira fora preterido pela empresa e tivemos uma conversa esclarecedora que cabe dividir, pela lição da experiência.

— Neder, eu me dediquei à marca.

VAMOS VENDER, PÔ!

— Ok, então você terá prioridade no processo de compra.

— Prioridade? Eu quero algum tipo de exclusividade. Ajudei a marca durante um bom tempo e agora só recebo isso em troca, Neder?

Respirei fundo e, antes de responder, não permiti que o calor da negociação inflamasse aquilo que seria justo para o parceiro e a empresa.

— Muito pelo contrário. Respeitamos você e estamos concedendo prioridade. No passado, olho no olho, você prometeu ao nosso diretor que trabalharia exclusivamente com a Ecoville e 10 dias depois de celebrar o acordo, já tinha homologado outra marca. Agora, chegou a hora de colocar as cartas na mesa e decidir se vai trabalhar conosco ou pulverizar suas opções.

Um breve silêncio tomou conta da sala, rompido por outro argumento.

— Mas eu ajudei a fortalecer o nome e a marca da empresa na região!

Foi nesse instante que respondi aquilo que todo executivo responsável por expansão precisa dizer em semelhantes circunstâncias, sem receio.

— Você ganhou para isso e ganhou muito bem!

Assim transcorreu o diálogo. Mostrei ao parceiro que trabalhar com exclusividade da marca é uma opção que garante benefício de compra e aumento dos lucros, mas exige fidelidade. Precisamos entender que um parceiro forte estrutura a empresa forte e vice-versa.

A maior chance de ter força regional se resume em

duas palavras: dedicação exclusiva. Um estudo comprovou que certa região consome 2 milhões por mês do produto, e o empresário não consegue sequer 5% desse *share*? Acredite, algo está errado e o empresário precisa, com urgência e antes que seja tarde demais, de um especialista para identificar as causas de tão ínfima participação.

O verdadeiro suporte franqueador não deve se restringir aos manuais de conduta comercial. Apostilas e manuais ajudam, mas enquanto almeja expandir, todo empresário franqueador deve amparar, apoiar e bussolar caminhos ao franqueado, além de verificar, como exemplifiquei, quem de fato é parceiro estratégico e quem alega que será parceiro com a evidente e previsível intenção de obter melhores condições para a negociação contratual.

Uma marca é como o nascimento do filho. Em 2007, a Ecoville estava grávida. A primeira escolha dos pais é um nome e a primeira decisão dos empresários é a marca que expressará aquilo a que se propõe o negócio. Depois do nascimento, lidamos com os problemas, vacinamos a marca contra doenças do mercado e logo já se fazia possível calcular e celebrar os primeiros passos.

Não se costuma mudar o nome dos filhos, porém, todo bom pai sabe que o mundo é versátil e, em favor das oportunidades, precisa ensinar a criança a se reinventar. Fizemos o mesmo com a Ecoville. Nove anos se passaram e a logomarca, redesenhada, traduzia a vontade da empresa no sentido de abrir novos negócios com celeridade, sem lançar mão da sustentabilidade, seu valor inegociável. Conseguimos apresentar por meio da logomarca reinventada sentimentos e elementos presentes na gestão da empresa: confiança, energia, criatividade, transparência e solidez.

Criança merece crescer com vigor, saúde e, para isso, seus pais deverão entender algo elementar. Não se faz filhos para si e sim para a vida, para o mundo. Da mesma maneira, os empresários da Ecoville entenderam e concordaram que a marca não pertencia ao sul e sim ao Brasil.

O desapego dos pais é um dos primeiros segredos para criar um filho capaz de romper fronteiras e quem sabe um dia tornar-se até mesmo estadista. O desapego regional é um dos principais segredos para qualquer processo de expansão romper limites fronteiriços.

Em outra constatação, todo filho carece de cuidados que envolvem atenção redobrada dos pais e, no caso das empresas em expansão, entender que o filho pertence a todos os envolvidos é fundamental. Franqueador, franqueados, distribuidores, revendedores, representantes, vendedores, líderes e colaboradores devem adotar a marca com o mesmo amor que os pais de sangue – no caso, os fundadores – dedicam. Do contrário, qualquer projeto é fadado ao risco de não vingar.

Criamos filhos para o mundo, em vez de largá-los sem cuidados. Devemos criar empresas para o mundo, sem jamais tirar-lhe os cuidados, dos básicos aos mais estratégicos, dos triviais aos mais labirínticos.

Franqueadores têm o dever de criar manuais e ferramentas para garantir a manutenção do processo. Franqueados têm o dever de consultar cada detalhe desses manuais e prover treinamento ininterrupto à sua equipe. Ambos não podem, sob pena de ver o negócio ruir e a expansão minguar, ignorar as dicas de sobrevivência e perpetuação da marca transmitidas neste capítulo.

E vamos vender, pô!

Toda marca que pretende crescer deve ceder algumas respostas ao segmento e aos consumidores. No próximo capítulo, vamos em busca delas...

CAPÍTULO 5
AS PERGUNTAS QUE TODA MARCA EM EXPANSÃO DEVE RESPONDER

5

Fortalecer e expandir marcas com equipes ou parceiros desanimados é tão fácil quanto pedir que um mineiro experimente doce de leite enlatado.

Quem nasceu em Minas Gerais, como eu, bem sabe que o melhor é o caseiro, feito no tacho por alguém que domina o preparo da especiaria de olhos vendados.

Durante o cozimento, um hipnótico aroma adocicado pode ser sentido de muito longe, e quem já teve a chance de raspar um tacho de doce de leite caseiro ainda quente pode afirmar com segurança que viveu uma experiência gastronômica tão rica quanto viveria em qualquer doceria requintada das cidades mais visitadas do mundo.

O insucesso do doce de leite industrial está no radar de insatisfação do mineiro. Pessoas desanimadas colocam qualquer marca, por melhor que seja, no radar do consumidor para identificar a própria insatisfação e contribuir para o consequente insucesso da marca.

VAMOS VENDER, PÔ!

Eis a analogia. Toda empresa quer seu negócio repleto de prosperidade e com o delicioso aroma do sucesso, sem enxergar a raspa ou o fundo do tacho. Afinal, doce de leite de qualidade acaba logo, enquanto uma marca sólida e bem gerida deveria durar a vida inteira.

Discursos inflamados sobre as qualidades da empresa enchem os ouvidos, mas cliente quer ver mesmo é ação. A exemplo da imagem a seguir, pode-se observar incontáveis times de vendas que assumem semelhante postura.

Uma pesquisa de vendas realizada pela consultoria especializada Shoper Experience posicionou o Brasil em penúltimo lugar nos quesitos simpatia e atendimento. Considerando que sempre fomos um povo conhecido pelo humor inabalável, a pesquisa coordenada por Stella Kochen deixa empresários, franqueadores e especialistas em alerta. Segundo o levantamento, ficamos atrás apenas do discretíssimo povo japonês. A pesquisa aponta ainda que na Irlanda, por exemplo, 97% dos vendedores sorriem com facilidade, enquanto no Brasil, 79% oferecem um sorriso no semblante.

O país do samba, do carnaval e da alegria terá se esquecido de importar esse comportamento tão nobre e articulado para o circuito nacional de vendas?

Será que desaprendemos como se atende com a excelência e o franco sorriso no semblante que todo cliente merece e que tão bem fazíamos nas décadas anteriores?

Henry Ford disse que "pensar é o trabalho mais pesado que há, e, talvez, seja essa a razão para que tão poucas pessoas se dediquem a tal tarefa". O homem que revolucionou a história automobilística estava inspirado quando eternizou a citação. A responsabilidade de pensar, apesar de pertencer a todos, recai sobre os ombros de quem gerencia negócios e deseja vê-los em franca expansão.

Muita marca de peso quebrou no Brasil ao imaginar que bastava assinar contratos de franquia, abrir o mapa do negócio para o franqueado, oferecer alguma base de treinamento e ponto final.

Empresário brasileiro sem apoio extracontratual de quem entende do negócio quebra e não se trata de *probabilidade*. Como especialista no setor, devo dizer que são "favas contadas". Abri o capítulo com o compromisso de apresentar perguntas que imploram respostas. Ei-las.

Como posso ajudar a vender, além daquilo que já faço por obrigação contratual?

Sem canibalizar ou gerar concorrência interna, como posso melhorar as vendas da região Y, desse franqueado, daquele distribuidor ou do outro revendedor?

Como qualificar, com diferencial, as equipes que representam a marca?

VAMOS VENDER, PÔ!

Levando-se em conta a concorrência e aquilo que o cliente classifica como "lugar-comum", como as equipes dos franqueados podem atender melhor?

Como aumentar o market share *local e, em seguida, nacional?*

É uma perigosa ingenuidade supor que somente o empresário signatário da franquia deva encontrar tais respostas.

Não criamos um *case* "do nada". A Ecoville respondeu essas perguntas e, como benefício, em toda a história do mercado franqueador, ao curso de 80 dias, tornou-se a empresa que mais vendeu franquias no Brasil. Antes que o leitor quebre a cabeça imaginando "o que" teria feito a empresa para atingir tão célere e relevante patamar, posso destacar o conceito e partilhar a pergunta que nunca calou entre a gestão. A resposta serve para qualquer empresa ou segmento.

Como enxergar o consumidor final?

Qualquer empresário que imagine ter conseguido a resposta, deixou de se preocupar com o usuário final do produto. Essa pergunta exige respostas diárias e não um despacho definitivo ou padronizado. A reflexão é trivial. Se os novos desafios surgem todo dia e nunca de maneira univitelina, por que a resposta seria a mesma?

Em meio ao processo tão laborioso que é fazer o produto chegar até as mãos do consumidor, não raro perde-se em qualidade, distribuição, reposição ou má gestão.

Perde-se para a concorrência, para a carga tributária do produto e pior ainda, para a equipe desanimada.

Pensando nisso, deve-se estabelecer perguntas frequentes. A respectiva decifração precisa estar na ponta da língua daqueles que estão liderando o processo de expansão. Fizemos isso no *case* Ecoville e o resultado foi excelente. Vou exemplificar essas perguntas-chave que alcançam também outros setores, desde que se possa adequá-las aos valores e à realidade da marca.

Ao compor as perguntas frequentes de seu negócio, tenha em mente uma premissa de absoluta relevância.

O objetivo de uma grande empresa nunca pode restringir-se a vender franquias. É preciso ultrapassar limites de apoio, fazer com que o franqueado tenha força suficiente para vender e gerir seu negócio com capilaridade.

Sem essa perspectiva, haverá fragilidade na operação e o que poderia ser um grande *case* como foi a Ecoville, talvez se transforme em enorme e mútua dor de cabeça entre franqueador e franqueado, com consequências diretas nos canais distribuidor e revendedor.

Outro ponto que requer atenção empresarial é o *highlight* e o arrojo. No ápice de sua expansão, a Ecoville não enfrentava nenhum outro fabricante de materiais de limpeza que se propusesse a franquear sua marca.

Agora, sim, com o destaque dessas protecionistas observações que toda expansão deve implicar, podemos elencar as mais importantes perguntas.

Pergunta 1 – Qual é o prazo médio para abertura de uma loja?

VAMOS VENDER, PÔ!

Um prazo médio saudável, sem procrastinação e sem ansiedade, deve girar em torno de 60 a 90 dias a partir da abertura da COF.[1] Após tornarem-se signatários, o franqueado precisa seguir imediatamente para efetivar a taxa de franquia, garantindo que aquela região será "dele".

Pergunta 2 – Qual é o valor inicial de investimento?

O mercado trabalha valores que trazem elevado risco ao parceiro franqueado. A Ecoville gerou um case por trabalhar com valores entre 70 e 90k, com faturamento médio mensal (factível) da ordem de 50k. São números que atraem a atenção dos investidores de perfil conservador, encontram a aprovação prévia dos moderados e despertam o desejo imediato dos arrojados.

Pergunta 3 – O que se esperar do payback?

A variação de tempo para igualar o valor investido ao lucro acumulado por determinado período não deve ser extensa demais. Franqueado que investe não pode esperar 36 meses para encontrar retorno. Fomos agressivos e criamos meios para que os parceiros alcançassem o *payback* em faixas de 12 a 24 meses, numa estratégia *ramp-up* que diferenciou a marca em relação ao mercado de franquias.

Pergunta 4 – Qual é a mais justa taxa de propaganda?

Enquanto o mercado trabalha percentuais de *royalties*, a Ecoville decidiu estabelecer valores fixados e transpa-

---
1. COF – Circular de Oferta de Franquia, documento exigido pela lei 8955/94 que regulamenta o setor.

rentes. Isso garantiu credibilidade e despertou o respeito dos candidatos. O mais inexperiente franqueado sabe por antecipação que franquia prevê domínio de região e sabe que se estiver exposto a taxas injustas, sangrará sua receita líquida. A maior parte dos franqueadores ainda não percebeu que os novos associados buscam referências com os antigos e quanto mais esfoladora for a cobrança de *royalty*, pior será o *feedback* que os novos interessados receberão.

Segundo dados da ABF, Associação Brasileira de Franquias, o faturamento do setor em 2015 (em reais) foi de 139,59 bilhões, superando o desempenho de 2014, fixado em 128,87 bilhões. Enquanto o livro é preenchido, os números de 2016 ainda não foram divulgados. A expectativa é que mais uma vez o setor vai revelar crescimento e as previsões para 2017 também são otimistas, com vistas para a reação da economia.

São números robustos que não envergam diante das crises pelas quais passaram os setores da indústria e do comércio convencional. Diante de tanta bonança, ao leitor que pretende um dia tornar-se franqueado de alguma marca ou transformar sua empresa em franquia, aí vai minha última dica deste capítulo – é um dos investimentos mais seguros para o seu dinheiro.

O mercado é regulamentado por órgãos sérios que impedem qualquer prática ilícita e protegem o empresário que investiu e fortaleceu o setor. Você não compra só uma franquia. Adquire expertise, suporte e segredos desse negócio multiplicador.

Nenhuma empresa brasileira cresceu em 9.1/2 anos como a Ecoville e não é uma afirmação minha. Dados da Endeavor, organização sem fins lucrativos de fomento ao empreendedorismo, mencionam a

VAMOS VENDER, PÔ!

Ecoville como destaque em diversas ocasiões e frente à perspectiva de variados critérios.

Vai assumir uma franquia ou franquear sua marca? Inspire-se no case Ecoville. Ainda tenho muito a revelar e você já deve ter sentido que não vou esconder o jogo. O que você precisa para triunfar será revelado.

No próximo capítulo, espero demonstrar como é bom ter a consciência de que todos nós vendemos tudo a todo instante.

E vamos vender, pô!

CAPÍTULO 6
VENDER É VIVER. VIVER É VENDER

6

Vender é um movimento cíclico e interminável. O mundo precisa vender e ninguém sobreviveria sem uma estruturada operação comercial por trás de todas as necessidades, desde as básicas até aquilo que apesar de ser considerado supérfluo, também depende da venda para circular.

A cesta básica chega aos lares por um processo de vendas. O avião particular chega ao hangar pelos mesmos meios. É justo, porém, concluir que muitos têm resistência a vender.

Quando nasce e mesmo sem consciência nenhuma disso, o bebê já reivindica necessidades de compra e alguém vendeu aos papais um enxoval completo, os móveis e quem sabe até a reforma da casa, em busca de maior conforto. Quando morre, o ser humano gera a compra de tudo que é necessário para as cerimônias de despedida. Ou seja, do nascimento à inevitável partida, comprar e vender é algo inseparável de cada momento.

VAMOS VENDER, PÔ!

Nós vendemos coisas muito maiores que produtos, sem perceber. A todo instante, vendemos para esposas, filhos, pais, irmãos, vizinhos, chefes, colaboradores, amigos e até inimigos. Os produtos e serviços são variados: argumento, carinho, justificativa, objeção, evidência, ponto de vista, expectativa, hipótese e promessa. Nada disso chega ao interlocutor com razoável aceitação se não for bem vendido e como muitos ignoram a relevância de vender esses "produtos e serviços", a tendência é que tentem expressá-los por meio da imposição. Isso explica o motivo de tanto conflito no lar e no corporativo e permite duas averiguações.

Vendedor forma opinião e quem não se aceita como tal acaba por impor opinião, o que é muito diferente.

Em qualquer ambiente ou segmento, venda não convincente gera qualquer resultado, menos o esperado.

No lar, recanto que oferece abrigo ao casamento, é benéfico observar o que e como tudo tem sido vendido.

O vendedor que tem habilidade se prepara com a melhor roupa, a mais perfeita apresentação pessoal e os argumentos mais válidos. Entretanto, por que parece difícil fazer o mesmo em casa? Talvez falte habilidade para celebrar o cliente interno, a exemplo da esposa.

É mais fácil localizar o marido que diz "você só me enche o saco" do que encontrar aquele que vende o justo em matéria de *feedback* e diz "devo o que conquistei e quem me tornei ao seu irrestrito apoio".

E o que dizer acerca da autenticidade em vendas?

NEDER KASSEM

Como todo mineiro de raiz, dou um nó nos erres. Em minhas palestras, nunca fiz questão de suavizar ou minimizar o sotaque. Costumo até brincar - peço licença a você e ao universo lusófono para ilustrar em texto o português *mineirês* que emprego em oratória - Eu digo para a audiência, com todos os erres do mundo:

— *Feche a porta, sordado marvado que lá vem pórva!*

A brincadeira serve para clarificar aquilo que o caipira reúne como mais importantes características – simplicidade combinada com autenticidade. Nunca tentei perder o sotaque. Tenho consciência que perderia autenticidade e nenhum profissional de vendas conseguirá êxito se não for autêntico e estiver alinhado com as raízes.

O processo de vendas é reflexo de percepções simples como essa e jamais será o bicho de sete cabeças que tantos imaginam. Alguns não se conscientizaram de que estão a vender algo para alguém o tempo todo.

— Eu nunca venderia nada. Sou péssima em vendas!

Conheço diversas pessoas que afirmam e adotam crenças lamentáveis dessa natureza, ignorando as incontáveis vendas que é obrigada a realizar para manter um bom emprego, o casamento feliz, um filho capaz e a carreira promissora. Tudo isso está intrinsecamente conectado com o exercício de vender e negar a venda é negar a vida.

Ofereço 5 provas cabais para corroborar o raciocínio. Vamos imaginar que você seja fã de carteirinha e decidiu assistir ao *show* do artista preferido.

VAMOS VENDER, PÔ!

1) O desfibrilador pode ser a única chance de reverter um ataque cardíaco, mas nunca tive notícia de que o governo doasse o equipamento. Como o *show* reúne uma multidão, a lei brasileira exige que o evento ofereça um equipamento desses, além de uma ou mais ambulâncias. Tudo isso foi vendido;

2) Os equipamentos eletrônicos usados em *shows* são profissionais, de altíssimo valor agregado. Então, pode acreditar que foram muito bem vendidos;

3) O segurança que pode impedir gravíssimo crime faz parte de um serviço contratado pela organização, fruto do contrato de venda bem negociado e fechado;

4) Você comprou o ingresso pela internet, sem refletir que meses antes do *show*, algumas empresas competiram para assumir a circulação dos *tickets* e frear a ação dos cambistas. Foram horas de negociação para discutir orçamento, taxas de comissionamento e garantias;

5) Dificilmente você vai ficar de "bico seco". Sua bebida predileta estará disponível a um valor, no mínimo, 5 vezes acima do preço de mercado. Repare aí a diferença que faz da venda a magia pura que W. Disney provou em seu legado. Uma coisa é estabelecer preço para a bebida lacrada na prateleira do supermercado e outra, bem diferente, é fixar valor e disponibilizá-la na taça, com gelo, servida por um elegante garçom, quem sabe no melhor *show* de sua vida, acompanhado da pessoa que você mais ama.

Tudo é uma venda. Vendemos o tempo todo. Vender é viver. Viver é vender. Cientes de tudo isso, precisamos aprimorar aquilo que vendemos ao mundo, ao invés de assumir recato, preconceito e ojeriza em relação às vendas, sob a pena de não obter sucesso em nenhuma área.

NEDER KASSEM

Nós nascemos para vender e quem vacila para acreditar nisso deve tentar – pois dificilmente vai conseguir – explicar porque atua tão bem quando argumenta, defende e até briga por algo em que acredita muito e considera correto.

Alguém cede uma ideia e alguém tem a coragem de vendê-la. Quase sempre é assim que acontece. O livro está em suas mãos porque entendi que precisava registrar para o futuro minha missão no presente. A ideia e o conteúdo são meus, mas decidi contratar um especialista para avaliar e avalizar a riqueza do material. Contratei também um editor que tivesse coragem de levar os questionamentos até a prateleira e quem sabe, até a cabeceira dos leitores. Ao fazer contato com os profissionais que escolhi, eu sabia do risco de receber o "não" e nem por isso, desisti. Acreditei que seria capaz de legar a experiência e fui em frente.

As pessoas não têm medo de vender. Elas temem a palavra que eu mais escutei na vida e na carreira: não!

Um dos maiores medos do ser humano é levar o redondo e agressivo "não". Todo grande vendedor se deparou com centenas, milhares e até milhões de "não", o que esclarece porque muita gente diz que "não leva o menor jeito para as vendas". A verdade, talvez dura, pode ser outra.

Será que a pessoa não leva o menor jeito para vender ou não sabe lidar com o sonoro "não"?

A criança recebe uma saraivada de "não" durante toda a infância. Ela deixa de aprontar ou arrisca novas traquinagens? Ela arrisca e sabe que a máxima consequência será o "não".

VAMOS VENDER, PÔ!

Se as crianças não temem a negação e nem mesmo o chinelo, por que em fase adulta usam a armadura do medo de receber o velho conhecido "não"?

Quem procurar a resposta e souber lidar com tantos "não" quanto a vida oferecer, vai encontrar sucesso no mundo das vendas. Do topo, poderá contemplar os que estão lá embaixo, insistindo no mantra "eu não nasci para as vendas".

Nascemos, somos e seremos vendedores até a última oportunidade de respirar. Está em nossa natureza e negar a qualidade é contrariar a existência. João – fictício – pode ajudar nessa reflexão.

Quando a vida é uma venda

Por instinto e desejo de trazer uma vida à luz, a mãe de João acreditou que ele seria capaz e a ligação mágica entre ambos bastou para que João vencesse a concorrência dos espermatozoides.

Durante as brincadeiras, João se ralava todo. No dia seguinte, voltava a brincar e correr riscos. Sua mãe dizia que a vida, às vezes, machuca.

A mãe de João vendeu a ideia de que ele ficaria bem no primeiro dia de aula. O pequeno João encarou o desconhecido, adorou as novas amizades e as tias da escolinha.

Determinada professora vendeu a convicção de que o garoto era muito bom em tal matéria e desde então, João só registrava nota máxima.

Quando o medo é tudo que se tem para vender

Mais tarde, a primeira namorada surgiu e João, por medo de não ser bom o bastante, não conseguiu vender o melhor que tinha.

Um grande emprego bateu na porta de João, mas ele teve medo de vender o que fazia com excelência, temeu o "não" e, nervoso, titubeou na entrevista.

O sucesso também surgiu, sem antes cobrar e exigir mudanças. João ficou com medo de encarar os "não" reservados aos que caminham nessa estrada exitosa, receou mudar e parou no tempo.

Sabe o que faltou para João, em fase adulta?

1) Entender que em qualquer tempo, vender é viver e viver é vender;

2) Algo que nenhum caipira se esquece – a relação entre simplicidade e autenticidade, bússola das vendas e referência para a vida real repleta de magníficos resultados.

Em vez de lamentar o que aconteceu ao nosso fictício – e nem por isso raro – João, prefiro desejar que não se repita comigo ou contigo. No próximo capítulo, o profissionalismo frente ao encontro de soluções comerciais nos aguarda.

E vamos vender, pô!

CAPÍTULO 7

VENDEDOR PROFISSIONAL OFERECE DICAS OU DEMONSTRA SOLUÇÕES?

7

Em 2014, fui convidado a palestrar para profissionais ligados ao exercício da medicina. Isso me deixou feliz, pela quebra de paradigma. De modo geral, médicos empreendem em setores ligados à profissão e nesse caso, o evidente intercâmbio entre setores demonstrava a riqueza e amplitude de visão deles.

Cheguei muito antes do horário e fui conhecer o negócio do contratante, imaginando que seria uma clínica como tantas que existem em grandes ou pequenas capitais. Enganei-me. O negócio do médico era pura nitroglicerina de vendas.

Grandes médicos perceberam que o seu conhecimento, bebido nas fontes mais ricas do conhecimento internacional, é insuficiente para a prosperidade financeira. A solução é usar o respeitável peso de seu nome e sobrenome para atrair outros médicos e agregá-los à sua clínica. Ou seja, visionários médicos transformam-se em vendedores indiretos de seus pares dotados de menor competência e experiência.

Os mais renomados e caríssimos advogados do país reúnem centenas de advogados em sua carta de serviços. Não é altruísmo ou desejo de ajudar quem está começando. Ao contrário, é oportunidade de vendas. Empestam seu prestigioso sobrenome para atrair quem precise de trabalho, o que nos leva a pensar em outra questão.

Todavia, é justo verificar que uma reputação construída não deve ser vilipendiada.

Adepto telespectador do Jô soares, acompanho o trabalho dele desde os tempos do humorismo e muito antes da proposta intelectual que nortearia o desfecho de sua carreira.

Certa vez, diz-se que Jô encontrou um grande cirurgião plástico no aeroporto, cujo nome eu não ousaria afirmar para não incorrer em engano ou injustiça, mas pode-se imaginar quem era o interlocutor de nosso querido Jô.

O "inusitado" atraso, já que no Brasil quase não se tem notícia de voos comerciais em atraso – salvo ironia a que me permito – reuniu essas duas figuras, Jô soares e o maior cirurgião do país. Ambos aguardavam o embarque e segundo a companhia, demoraria mais quatro horas. O famoso médico teria se sentado ao lado de Jô e puxado dois dedos de prosa.

— Jô, não temos nada a fazer nesse tempo todo. Pode contar umas piadas?

Segundo consta, Jô Soares, vendedor nato de ideias,

humor e sabedoria, talvez se sentindo insultado por ser convidado ao entretenimento quando nada mais útil poderia ser feito naquele ocioso tempo, respondeu com muita calma e de forma capciosa.

— Bom, eu topo. – Teria dito o artista, além de reiterado — Mas, no mês que vem, preciso de uma consulta e vou marcar com a sua secretária sem custo. O humor custa dinheiro e conhecimento, bem como consulta e procedimento. Combinado?

Alguns dizem que o cirurgião não pensou duas vezes e retirou-se, ofendido. Outros afirmam que ele titubeou um pouquinho e concordou. De qualquer maneira, a lição que o causo nos deixa é valiosa: produto, serviço e conhecimento não podem ser rifados ou banalizados. Devem ser vendidos no momento certo ao preço justo.

Num churrascão com os amigos, é comum escutar algumas solicitações de consultoria-relâmpago:

— Já que estamos aqui, você poderia me dar uma dica sobre...

— Cara, foi providencial te encontrar. Você que é do ramo, por favor me dê uma opinião...

— Você é especialista em vendas, Neder. Então, me dê uma forcinha. Neste mês fiz isso e aquilo em prol da minha equipe e das vendas. Acha que estou no caminho certo?

— Estou pensando em trocar de contador. Venha cá, deixe-me encher seu copo. Será que devo fazer isso agora, Neder?

Assim como aconteceu ou teria acontecido com nosso querido Jô, situações como essas são comuns e infelizmente, se repetem porque alguém alimenta as respostas imediatas. Outro argumento bastaria para finalizar pleitos dessa natureza.

— Eu compareci para me divertir. Caso queira uma opinião profissional, procure-me amanhã!

Muitos acham que ao assumir uma profissão autônoma, clientes pularão como peixes em dias auspiciosos de pesca. É um engano recorrente. Quem se torna patrão, independente do segmento pelo qual tenha optado, carregará a tarefa de vender seus serviços e sua empresa ou dirá adeus, muito antes do previsto, ao CNPJ que registrou.

Na década de 1990, vestibulares para engenharia, medicina, odontologia e outras ciências exatas eram disputadíssimas. Uma suave comparação com a década de 2010 pode mostrar que matérias como marketing, comunicação, gestão de negócios e afins têm despertado muita atenção.

Qual é a origem desse fenômeno de transição das exatas para as humanas? Houve um desinteresse por matérias exatas ou aumentou a consciência de que as humanas também significam uma opção de igual peso honroso?

A diferença não residiria, talvez, exatamente na distância entre quem vende por necessidade de vender e quem vende por preocupação com o cliente?

Como narrei no início do livro, quando comecei nessa carreira, não gostava de vender. Não tinha propósito e tampouco vontade de colocar a pasta sob o braço. Hoje, amo vender e o faço com o propósito de garantir benefícios aos que compraram algo de mim.

A diferença entre as duas visões é como o mar calmo e o revolto: às vezes, parece não existir nenhuma onda e em outras ocasiões, a pressão da onda coloca o barco em risco. Nunca tive notícia de grandes e experientes marinheiros que não enfrentaram mares revoltos e nunca conheci nenhum vendedor que tenha sido o melhor sem medo e da noite para o dia.

Enquanto temi as vendas, os decepcionantes resultados e as pessoas, o medo imperou e o fracasso pegou carona. Enquanto nivelei as necessidades dos clientes com as minhas, bati cabeça e nenhum resultado foi colhido.

Depois de respeitar os negócios, entender que cada cliente merece atenção específica e calcular que as pessoas, ricas ou pobres, empresárias ou funcionárias, têm necessidades muito parecidas, prosperei em vendas, cargos e resultados.

De 2016 em diante, a lei é pouco papo e muita ação. Até pouco tempo, a lei das vendas era inversa. Quem tivesse mais lábia, levava o cliente. Ocorre que o cliente não quer mais ser conduzido a lugar algum. Ele deseja ser assessorado.

O vendedor-consultor sobreviverá, enquanto o vendedor bom de lábia será como a máquina de escrever: peça de museu que um dia deu certo.

O maior câncer do vendedor é a falta de planejamento. Quando comecei em vendas, como já admiti, era um jacu de cartola, expressão comum em Minas Gerais para traduzir quem tem medo de oferecer uma simples saudação como "bom-dia" ou "boa-tarde".

Hoje, o comprimento correto da gravata, o tipo de

VAMOS VENDER, PÔ!

sapato e o terno certo podem ser ensinados por um profissional, algo que não existia quando comecei. A atitude certa, entretanto, não poderá ser ensinada. Mesmo que os especialistas sugiram diversas estratégias, no fim, caberá ao vendedor a escolha entre fazer aquilo que é ideal para o cliente e aquilo que está a fim de fazer.

— Quantos livros vocês leram nos últimos 6 meses? E no último ano?

Nos seminários e palestras que ministro, coloco essa pergunta no colo da audiência e a resposta é decepcionante. O cidadão quer ser o melhor vendedor do país e vive o insano paradoxo de não se informar sobre a evolução das vendas pelo planeta.

Li quase todas as obras de vendas publicadas no Brasil e em outros países. Ao avaliar as lições que os colegas especialistas em vendas oferecem e compará-las ao dia a dia dos vendedores, concluo que pouquíssimos estão prontos e amadurecidos para colocar em prática a teoria que consta nas páginas.

Em outros países, o colaborador se inscreve para participar das palestras e seminários que a empresa está disposta a pagar e se for aprovado, poderá comparecer. Em muitos casos, empresas brasileiras enviam seu time de vendas completo, pagam uma pequena fortuna e vários desses vendedores chegam ao evento aborrecidos e irritados em função de estarem ali, em pleno sábado, enquanto seus amigos que também não conseguiram grandes resultados na carreira estão a caminho da praia.

A oportunidade da vida se desenha, o estudo é colocado diante do colaborador, praticamente na bandeja e o que muitos desses profissionais fazem? Pegam a bandeja sem sequer tocar no "alimento" e jogam todo o conhecimento preparado com carinho na lata de lixo mais próxima.

Em tempos de rede social e informação ao alcance de um simples toque, aprender, estudar e ler continuam a representar garantia de sobrevivência para quem vive de vender e negociar.

De segunda a segunda-feira, e ainda que seja somente um pouquinho por dia, o vendedor precisa aprender e entender um pouco de algumas matérias que talvez sugiram não ter relação alguma com vendas.

Não há necessidade de cursar diversas faculdades. Basta ter noção e saber o mínimo de cada. Aquilo que o mercado classifica como conhecimentos gerais, no caso do vendedor pode ser a diferença entre estar vivo ou morto para o mercado, lembrando que nenhum empregador do país está disposto a contratar colaborador desinformado e culturalmente preguiçoso.

- Psicologia, para entender um pouco dos critérios subjetivos que levam o cliente a comprar;
- Matemática, para avaliar e descobrir como preencher desejo de compra dos clientes mais lógicos e objetivos;
- Filosofia, para entender que a razão nunca comandou o mundo e descobrir que o mundo das ideias é a casa dos argumentos de vendas;
- Teologia, para aprender a respeitar o território religioso alheio, ao invés de tentar converter clientes para sua religião;
- Sociologia, para compreender como a influência do convívio gera mais vendas de seu produto ou serviço em regiões específicas;
- Política, para não passar vergonha quando es-

tiver diante de um comprador culto que adore discutir o tema.

Isso é o mínimo, o básico. Com a sabedoria e a paciência de um sábio, cada profissional de vendas poderá atingir o nirvana[2] dos negócios.

Esse é o típico profissional que não oferece dicas e sim soluções. Vendedores que acumulam conhecimento em áreas distintas são como os lutadores profissionais que dominam várias lutas e técnicas: completos para as competições, letais para os inimigos e admirados pelos que acompanham seu trabalho.

Antes de fechar o capítulo, vou registrar uma pergunta final.

Quanto você acha que vale um vendedor versátil, culto e completo no mercado?

Imagine o salário de um conhecido cirurgião. Multiplique por dois e talvez se aproxime do valor real. Para finalizar o capítulo, reflita:

Você acha que vendedor precisa saber interpretar papéis?

No próximo capítulo, prometo oferecer reflexões para que encontre a sua melhor resposta.

E vamos vender, pô!

---

2 - Para os indianos, nirvana é o estado ininterrupto de felicidade e conhecimento.

CAPÍTULO 8
VENDEDOR NÃO MENTE, ATUA. NÃO PERDE, IMPROVISA

8

Graças a Deus, fui privilegiado com duas orelhas grandes que garantem escutar melhor os clientes. Quanto mais me proponho a escutar, melhor e mais aguçada se torna a argumentação para rebater objeções, afirmar benefícios e concluir negócios.

Vendedor que não escuta é exterminado dos negócios. Vendedor que não interpreta papéis variados é condenado a resultados idênticos.

Quem escuta bem consegue manter a calma, mesmo diante de um iminente conflito durante o curso da negociação. Quem escuta bem consegue situar-se "acima" da mesa de negociação, como se tivesse uma visão macro de tudo que está sendo discutido.

Depois – e só depois – de aprender a escutar, vendedores devem aprender que são artistas e precisam atuar em alguns papéis. Quando comecei em vendas, mapeava a região e pensava:

Quantas oficinas mecânicas têm nesse bairro? Se eu vender para 5 delas, já está bom. Vou visitar 100...

Assim empreendia esforços. Muito vendedor de hoje, inadvertidamente, imagina a mágica de investir em 5 visitas e concluir 5 vendas.

Além da disposição importantíssima para concluir negócios, quando o assunto é atrair e manter clientes, devemos ter a dedicação que uma mãe tem, a tradição e a confiança que uma avó desperta e o zelo protetor que todo bom pai inspira. O vendedor que interpretar esses papéis com sinceridade terá melhor e maior representatividade no mercado em que atua.

Outro papel exigirá grande performance do vendedor. Não existe nada pior do que entrar numa loja e perceber que três dos seis vendedores estão sentados atrás do balcão, cochilando em sistema "rodízio de meia horinha cada um", enquanto o cliente não entra. Acredite, é mais comum do que se imagina, sobretudo quando os profissionais não respeitam a liderança e a gestão, que nem sempre consegue ficar o dia inteiro na loja, fiscalizando a postura dos vendedores.

Antes de serem contratados, esses vendedores talvez tenham até afirmado ter a mesma disposição de um leão. Quem sabe, então, tenham se esquecido de falar que tal disposição felina não era para vender e sim para dormir.

Vendedores devem ser dotados da energia e disposição de uma criança, e por isso afirmei que precisam ser artistas e encenar papéis variados. Um simples "bom-dia" concedido com má vontade é motivo para o cliente dar meia volta e sair em disparada para longe dali.

Mesmo que domine o conhecimento técnico, sem

energia, nenhum vendedor vai longe. Todo artista deve ser multifacetado e outro papel vai requerer performance digna de grandes atores. A persistência, a disciplina e o treino de um atleta também garantirão impressionantes resultados de vendas.

Marcelinho Carioca tornou-se um dos principais batedores de falta do Brasil. Depois do treino, por decisão própria e sem receber nada a mais por isso, o atleta continuava em campo para mais 60 chutes. A rotina diária de treinos garantiu ao clube por ele representado um gol nos acréscimos, quando tudo parecia perdido ou um gol naquele instante em que era preciso esfriar o jogo. Trazendo a ideia para o mundo dos negócios, observe bem ao redor e você verá uma, duas ou dezenas de pessoas indispostas ao rigor dos treinamentos e da educação contínua. É outra grande contradição:

Há quem diga ter o sonho de enriquecer com as vendas, mas treina com a mesma disposição daqueles que nunca tiveram um sonho na vida.

A coragem de um alpinista é mais um papel em que nossos vendedores devem atuar. Vendedor com medo não chega a lugar algum. Imagine que você esteja prestes a entrar no avião e o piloto lhe confidencie ter medo de altura. Existe alguma possibilidade de você embarcar?

Se o profissional conhece o produto e o serviço em detalhes, medo em vendas tem outro nome: temor de relacionar-se bem com o cliente. Isso se resolve com treinamento, bons olhos da liderança e apoio da empresa.

Sou torcedor de verdade, daqueles que ficam grudados à frente da televisão, que sofrem e empurram o time com toda energia. O nome disso é amor ao clube, mas o motivo de tamanha vontade de torcer é entusiasmo, que transforma existir em viver. Em ocasiões diversas, o cliente está cheio de problemas e tudo que ele não quer e nem precisa é encontrar um vendedor sem entusiasmo.

A vida de vendedores nem sempre é um mar de rosas. O papel do entusiasmo diário talvez seja o mais difícil de interpretar e, por outro lado, garante bons resultados até mesmo ao profissional com menor conhecimento técnico. Clientes entendem que não somos um computador capaz de armazenar tudo e toleram uma desinformação aqui, outra ali, desde que seja transmitida assim que possível. O que eles não entendem ou aceitam é a falta de entusiasmo.

De Poço Fundo a Belo Horizonte, e dali para o mundo, jamais dei um passo sem entusiasmo e, se tivesse dado, não teria nada a narrar.

O município de Poço Fundo, do qual muito me orgulho, me viu nascer e, embora a capital Belo Horizonte estivesse bem mais próxima de nós, a influência cultural, comercial e esportiva de São Paulo era maior. O poço-fundense seguia tendências paulistanas.

Aos 3 anos, me identifiquei como fiel torcedor do Corinthians. Hoje, o amor ao clube me faz torcedor. Naquela época, entretanto, devo confessar que o desejo maior era contrariar meu irmão mais velho, torcedor santista que se gabava dos tempos áureos da era Pelé e tentou – sem jamais conseguir – "me converter" ao Santos.

De volta ao tema como vender para atletas, a fama tem sua carga de ônus. Quanto mais pública a pessoa se torna, menos privacidade. Além disso, não é fácil trabalhar com profissionais do esporte.

NEDER KASSEM

Tudo na vida tem dois lados e a fama nos negócios também tem sua carga positiva. Depois que passei a vender para jogadores e dirigentes do meio esportivo, esses clientes se encarregaram de me indicar aos empresários e amigos de suas relações. O menino que dividia um minúsculo quarto no pensionato do chulé agora tinha uma equipe de vendas e não parava de crescer.

Existe um fugidio instante na vida de todo profissional de vendas que deve ser observado e jamais ignorado. Quando a ave da evolução sobrevoar a vida de quem pretende crescer, minha sugestão é erguer a cabeça e fixar o olhar nesta ave. Ela mostrará o caminho. Manter o olhar para a frente é equivalente a ignorar a evolução. Fixar o olhar para baixo é temer o crescimento, e para trás, sugiro que se contemple apenas como estou fazendo, para glorificar resultados e memorar pessoas queridas. Olhar para trás com o intuito de lamentar ou arrepender-se é como colocar algemas e esconder a chave.

Acompanhando a metáfora, minha ave foi dona Alda.

Ela desenhou o caminho para chegar até as personalidades do futebol e da imprensa. Antes de contar como aconteceu, tenho outros relevantes relatos para ceder e em nome de sua melhor compreensão, prometo retomar o assunto, em detalhes, no capítulo 11. No próximo capítulo, detalharei o fugidio instante em que dona Alda mudou minha vida.

Prometo que valerá conhecê-la. Mais algumas centenas de pessoas como ela e o Brasil seria ainda melhor...

E vamos vender, pô!

CAPÍTULO 9
COMO ATRAIR GRANDES NEGÓCIOS E CLIENTES COM ALTO PODER DE CONSUMO

9

O sucesso com a venda de seguros despertou a atenção de outros setores, algo muito recorrente na área comercial.

Nenhum profissional que se destaque fica no anonimato, e o próprio êxito se basta para romper fronteiras e segmentos.

Após 4 anos e muitos resultados conquistados, fui convidado pela Purificadores de Ar Europa a supervisionar seus canais distribuidores. Dois meses bastaram para que a empresa me oferecesse um cargo gerencial.

Quando decidi compartilhar minhas experiências em livro, levei em conta a importância de relatar também alguns tombos e problemas, pois a maior parte da literatura disponível menciona apenas o sucesso e eu acredito que tanto o tombo quanto o êxito ensinam muito.

VAMOS VENDER, PÔ!

Estive no inferno e no céu das vendas. O dinheiro na vida de um homem de negócios pode deslumbrá-lo e aconteceu comigo. A falta de dinheiro pode desesperá-lo e aconteceu comigo.

Depois do pensionato do chulé e de tanto prato feito, hotéis e restaurantes caríssimos eram uma irresistível tentação. Depois de conhecer todas as linhas de ônibus, o ímpeto de adquirir carros luxuosos era inevitável. Além disso, também desenvolvi uma vaidade por roupas, senão aceitável, no mínimo compreensível, diante do que vou narrar agora. Para isso, precisarei voltar o olhar, mais um pouquinho, em direção ao passado.

Como líder, jamais exigi que os vendedores usassem terno. Durante o período em que vendi seguros, as coisas não eram bem assim. Passei uns bocados com o assunto vestuário. A empresa impunha o uso do terno. Alguns colegas de vendas usavam modelos antigos que exalavam naftalina, cujos cortes fora de medida sugeriam que um dia as vestes pertenceram ao avô.

Naqueles tempos de jovem guarda, com toda certeza, aos 15, não me sentia tão feliz de terno. Gostava de sapatos tipo plataforma, moda da época, e preservava os cabelos compridos. Magro, alto e de canelas finas, quando usava o tal plataforma, ficava com uns 2 metros de altura.

Quanto aos ternos, estavam na moda as cores vibrantes como laranja, vermelho, azul cintilante ou verde limão. Eu tinha um terno cor de laranja para trabalhar todos os dias. De tanto que foi lavado, começou a desbotar e foi mudando de cor. Como se pode imaginar, laranja desbotado fica com aspecto róseo

NEDER KASSEM

e não tardou a surgir o apelido pantera-cor-de-rosa. Não tinha dinheiro e o jeito era aguentar a esculhambação. Nesse período, conheci Dona Alda de Oliveira, uma senhora que mudou minha vida, a ave que guiou meus caminhos.

Era um dia nublado, tanto dentro como fora do escritório. Tiraram tanto sarro do meu terno que me escondi num canto para chorar. Dona Alda percebeu, foi até onde eu estava e aplicou uma injeção motivacional.

— Neder, pare de chorar. Você é uma pessoa dedicada e vai superar tudo isso. Amanhã, dentre essas pessoas que hoje caçoam, algumas sentirão inveja e outras irão te aplaudir. Hoje você só tem um terno e está se sentindo humilhado? Troque as gravatas para disfarçar e siga. Você visita clientes novos todos os dias e eles não sabem disso. O importante é obstinar-se. Continue firme – vá vender, pô – e tudo vai dar certo. Um dia, seu *closet* vai ficar pequeno para tantos ternos!

Fui até o banheiro lavar o rosto para disfarçar o inchaço do choro. Quando voltei ao setor, encontrei dona Alda. No interior da sacolinha que ela trazia em mãos, duas gravatas que ela acabara de comprar para me presentear. Até hoje, tenho essas gravatas que simbolizaram para mim a grandiosidade que um ser humano pode ter diante do semelhante, lição que vale dividir com aqueles que estão no início da jornada vendedora e vivem dificuldade financeira até mesmo para abastecer o carro, pagar o almoço, o pedágio ou o estacionamento.

A atitude nobre de dona Alda me fortaleceu e inspirou todas as conquistas que tenho narrado. Quem disser que é fácil enriquecer na área de vendas vai contar uma mentira parcial. A verdade talvez seja outra.

Vencer o concorrente é fácil. Vencer em vendas requer um grau médio de dificuldade. Difícil mesmo é travar a batalha e vencer, todos os dias, a voz interna que insiste para você desistir.

Talvez seja razoável agora entender porque hoje invisto tanto em guarda-roupa. A vaidade tem um preço além do dinheiro e também nesse território torrei valores que muitos poderiam considerar imprudência. Mas, eu tinha um plano...

Agora que relatei detalhes dos dias difíceis, retomo a reflexão que é válida para todos que pretendem ter uma vida equilibrada. Onde crrei, você pode acertar.

Em tudo que fiz, sempre fui muito exagerado e nunca me contentei com as expressões pouco, mais ou menos, pequeno ou mínimo.

Procurei conquistar as melhores contas, os maiores clientes, os mais desafiadores e inéditos cases e a melhor renda advinda das vendas. Consegui tudo isso e por outro lado, gastei muito, algo que você não precisa fazer. Investi uma pequena fortuna em hotéis, restaurantes, viagens, carros e ternos exclusivos. Não se trata de um relato conectado ao arrependimento. Ao contrário, fui feliz dessa maneira.

A lição que pretendo deixar é a seguinte: para bancar toda a excentricidade que me fazia feliz, sempre fiz uma renda acima da média. Gastava muito, mas ganhava muito. Tenho visto por aí muito profissional que consegue renda mensal de 30 mil e assume um padrão de vida arriscado, como se a sua renda fosse de 100 mil.

Outra lição que compete ratificar é o motivo do investimento excêntrico. Colecionei bens diversos, mas os utilizei para multiplicar o patrimônio.

Ter por ter é pouco assertivo, esvazia os recursos e as reservas financeiras. Ter e usar a posse para multiplicar recursos e aumentar as reservas financeiras é estratégia de guerra.

Um *closet* sofisticado atrai clientes sofisticados, mas já conquistei clientes da fina flor da sociedade com ternos mais baratos que um almoço em certos restaurantes. Logo, a dica é que consulte seu bolso, suas possibilidades e jamais se endivide para ostentar. O mesmo vale para a estrutura do negócio.

Estruturas de vendas sofisticadas geram resultados impressionantes. Escritórios bem aparelhados e decorados atraem a conclusão de bons negócios. Endividar-se para manter essas estruturas é como colocar uma corda no próprio pescoço.

O caminho saudável é ganhar muito dinheiro com as vendas e inseri-lo nessas estruturas. Ou, se a decisão pender para o empréstimo bancário, que se faça com foco na quitação sem sustos. No português popular, que não se conte com o ovo antes de a galinha botar. Foi assim que multipliquei o patrimônio, transformando ganhos anteriores em múltiplos ganhos posteriores, investindo e reinvestindo no futuro, na carreira e na formação dos bens.

Durante a formação do *case Purificadores de Ar Europa*, estruturei um escritório de alto padrão no melhor centro comercial de Belo Horizonte, no interior de um shopping recém-construído. Em visita ao nosso espaço, o presidente da empresa ficou tão admirado com o requinte que decidiu montar uma sede parecida.

Nossas empresas precisam de profissionais capazes de quebrar o preconceito que as vendas geram, sobretudo a venda direta ao consumidor. Uma estrutura requintada de atendimento é o primeiro passo para atrair as duas pontas da operação: vendedores de altíssimo nível e clientes com alto poder de compra.

Foram 17 anos de dedicação aos filtros e quando decidi deixar a empresa, meus rendimentos de sete dígitos por ano eram tão altos que os amigos não entenderam nada. Mais uma vez, consciente ou inconsciente, estava a me lembrar da voz paterna.

— *Não seja vendedor, Neder. Isso não é para você e não dá futuro!*

Impossível. Nasci e vou morrer vendedor. Entendi o que meu pai queria dizer e decidi deixar o case que gerei.

Algumas pessoas nasceram exclusivamente para vender e outras, para vender, empreender e liderar. Eu faço parte do segundo grupo. Naquele período, tomava as decisões mais importantes que envolviam milhões, embora a empresa não fosse minha.

Cheguei a vender a ideia da empresa a um banqueiro alemão, que acreditou em mim e investiu pesado na companhia. No entanto, era hora de renovar ciclos. Senti que merecia crescer e vou relatar agora como construímos outro *case*, desta vez no setor de telefonia móvel.

NEDER KASSEM

Aleguei que é saudável preparar-se financeiramente para uma grande virada na carreira. Pois bem. Eu tinha dinheiro para investimentos de alta envergadura para dedicar à carreira solo em vendas e esta é a última dica deste capítulo.

Administre uma fatia daquilo que ganha para investir em seus sonhos. Caso não o faça, um banqueiro ambicioso vai administrar muito bem os juros de seu empréstimo.

Cedo ou tarde, a vida pode trazer uma pergunta: se a empresa de grande porte procurar parceria com um vendedor de alta performance, pode-se confiar totalmente?
A resposta está no próximo capítulo...
E vamos vender, pô!

CAPÍTULO 10
EXISTEM PLANOS INFALÍVEIS?

10

Cebolinha, personagem de Mauricio de Sousa, ficou conhecido por seus planos infalíveis para roubar o disputado coelhinho da Mônica. Seus planos ficavam cada vez mais sofisticados e no fim, Cascão, cúmplice nas ações, acabava apanhando junto com ele.

Em analogia, a minha Mônica era o mundo dos negócios. Seu coelhinho eram as vendas consideradas impossíveis. Além disso, tinha amigos no pensionato do chulé que se encaixariam muito bem ao papel do Cascão e se pareciam com este personagem de Mauricio de Sousa por duas razões: eram confiáveis e pouco higiênicos.

Ainda assim, procurei enfrentar o mercado de frente, sem sócios. Após 17 anos em prol dos Purificadores de Ar Europa, fui viver um plano infalível, mesmo com receio de levar umas *coelhadas* do mundo dos negócios.

VAMOS VENDER, PÔ!

Resolvi estruturar uma empresa de venda direta ao consumidor com múltiplos produtos. A equipe 1 venderia produtos para emagrecimento. A segunda, planos de seguro corporativo. Assim por diante, pretendia ter um amplo leque a oferecer. Aluguei escritório em Cerqueira César, no Condomínio Edifício São Miguel.

O espaço de 500m² bem no coração de São Paulo era estratégico: Avenida Paulista, 967. Em teoria, executava um plano tão infalível quanto as estratégias do Cebolinha. Na prática, mesmo enfrentando desafios e problemas, montei equipe e colocamos a mão na massa. Quando o negócio estava prestes a completar um semestre, a empresa *Telecom Italia*, mais conhecida como TIM, bateu à porta de nosso requintado escritório.

Insatisfeitos que estavam com o gerente que tinham na ocasião, que vendia 150 linhas por mês, a TIM procurava um executivo de vendas com fôlego para desbravar territórios e expandir seu plano de linhas telefônicas. Gostei da proposta e assinamos contrato.

Deixei de lado os demais produtos e direcionei os holofotes de meu escritório em direção às vendas da TIM. Um trimestre depois, multiplicamos as vendas por 10 e eu já respondia pela venda de 1500 linhas por mês. Nos meses de pico, cheguei a registrar a venda de 6 mil linhas/mês, recorde absoluto nos países onde a companhia atuava. Foi uma saraivada de prêmios.

E quem disse que este episódio teve final feliz?

Vou responder agora aquela pergunta que usei para finalizar o capítulo anterior e que serve como alerta para você.

A empresa me convenceu a montar a primeira loja corporativa em São Paulo. Fui assaltado três vezes, com metralhadora apontada para o rosto. Ainda assim, a promessa da empresa é que eu poderia atender toda a carteira paulistana por meio dessa loja. Então, resisti e me mantive firme nas vendas, como a saudosa dona Alda recomendara.

Adiante, trocaram a diretoria, mudaram de ideia e fiquei na mão, amargando um baita prejuízo e assumindo um passivo trabalhista de proporções faraônicas.

Muitos carros e apartamentos foram vendidos para honrar compromissos com a justiça. Eis a resposta com a qual me comprometi:

Quando o grupo multinacional procura um homem de negócios para alavancar seus resultados, ele deve ter uma palavra em mente.

Prudência – o jogo dos gigantes inclui valores vultosos nos ganhos e cifras estratosféricas nas perdas. Um contrato clarificado com requintes de minúcias, preparado por um advogado especializado em *business*, teria evitado muitos problemas para mim e com certeza evitará para você.

Além dos recordes, adicionei alguns milhões ao faturamento da empresa e retirei outra lição disso tudo, que vale ser compartilhada.

No meu caso, o saldo da relação foi o acionamento da justiça em todas as instâncias por meio de processos que se arrastam por dez anos e, provavelmente, ainda tramitarão outra década. Não recebi até hoje, mas não pautei minha história nos resultados dessas ações. Reconstruí a vida e obtive novos resultados por uma razão: em vez de me concentrar no sofrimento e nas dores que

VAMOS VENDER, PÔ!

as circunstâncias processuais geram, foquei em conquistas inéditas. No seu caso, sugiro que se preocupe com o possível saldo de sua relação com grandes grupos enquanto a relação está saudável e mutuamente produtiva.

Comece a se perguntar:

Se cancelarmos o contrato amanhã, o que prevê a política de multas, o passivo trabalhista e a eventual política de exclusividade?

Caso alguma resposta esteja nebulosa ou o contrato não contemple essas questões, minha recomendação é que você procure imediatamente um advogado da área.

Quebrei muitos recordes, mas comi o pão que o diabo amassou com essa experiência e até hoje enfrento problemas remanescentes. Nunca fui homem de lamentar e ao compartilhar, pretendo meramente proteger o leitor de enrascadas semelhantes.

Perder dinheiro, para mim, nunca foi motivo de desonra. Quando enfrentamos a situação, é doloroso. Assim que o sopro do vento anuncia o futuro, começamos a aprender com as falhas e, melhor ainda, temos material prático, além de quaisquer teorias, para dividir com os semelhantes dos negócios, como estou fazendo.

Não creio mais em planos infalíveis. Creio em ações, em dar o melhor, planejar e precaver-se. Dona Alda, aquela que me presenteou com duas gravatas, ficaria chateada, caso me visse cabisbaixo. Ergui a cabeça, pois reagir e seguir são tão importantes quanto construir.

Enquanto escrevo essas páginas, enfrento um problema grave de saúde e nem isso me impediria de dar início – outros livros virão – ao registro de tudo que aprendi com o mundo dos negócios.

Todo homem de vendas sofre quedas, e se nunca sofreu, há duas probabilidades: os resultados ainda não bateram sete dígitos ou ainda não se arriscou o bastante, e se for esse o caso, faltará força para lidar com os problemas que o mercado colocar sobre o colo dele.

Eu sou grato à TIM. Sem o tombo que providenciaram, eu não saberia o que é cair e faltaria uma dica importantíssima para compartilhar. Tive força e estratégia para ir do inferno ao céu com muita rapidez, reconstruindo aos poucos tudo que perdi ou me fizeram perder e posso revelar o segredo.

Com risco iminente de quebrar, sofrimento, traição do sócio ou revés do mercado, não pare de assinar contratos. Aconteça o que acontecer, continue vendendo.

Assim que o corvo do prejuízo e da queda ronda a vida dos vendedores profissionais, sua tendenciosa reação é desanimar, jogar a toalha.

Time que ganha por *Walkover*[3] sai de campo vitorioso, porém com a sensação de desonra, e concorrente que ganha do vendedor que desistiu de vender diante dos problemas fica com a mesma sensação.

Finalizando, outro segredo que vou revelar diz respeito ao exercício da humildade de admitir limitações e contratar quem possa ajudar.

Não sou bom administrador de finanças e não quero ser. É mais barato, viável e seguro contratar profissionais da área. A despreocupação com o fluxo financeiro abre espaço para que eu faça o que nasci para fazer, pois o meu negócio é vender.

---

3 - Walkover – também conhecido no Brasil por WO, identifica a equipe ou o competidor que venceu pela impossibilidade de seu concorrente atuar, por motivos variados.

VAMOS VENDER, PÔ!

Talvez o leitor se assuste ao descobrir quanto custa um profissional competente para gerenciar e multiplicar seu dinheiro. Posso afirmar que é bem mais caro assumir uma competência que não temos, lembrando que não precisamos ser bons em todas as áreas.

Entregar o oposto ao prometido não é saudável para nenhuma empresa. Com as investigações em curso de políticos e grandes empresários, o Brasil segue um caminho sem volta e a palavra que mais será usada daqui em diante é transparência.

Precisamos entregar aquilo que nos propomos a vender e um pouco a mais, em busca da excelência. Prefiro colocar o aluno nas mãos de um parceiro a ensinar algo que nem mesmo eu goste de fazer. Por exemplo, minha empresa, a Academia Brasileira de Vendas, não tem a pretensão e jamais prometerá ensinar educação financeira aos vendedores. Nosso negócio é formar, treinar, capacitar, reciclar e preparar profissionais para a venda em grande escala.

Toda operação de vendas inclui riscos. Com o tempo, as derrotas e as vitórias, aprendemos a mitigar e até eliminar as ameaças mais destrutivas para os negócios e a carreira.

Resumindo o capítulo, todos os homens e mulheres de negócios precisam ter a atenção redobrada quanto aos seguintes quesitos:

1) Aceitar as próprias limitações, em vez de tentar especializar-se em tudo;

2) Contratar especialistas quando identificar demandas que não saiba, queira ou possa organizar;

3) Estruturar instalações de bom gosto que reflitam o esmero do negócio;

4) Investir na imagem pessoal, em vez de gastar com o mero intuito de ter;

5) Aceitar e aprender a administrar ou, no mínimo, mitigar riscos operacionais, comerciais e documentais de qualquer negócio que fechar;

6) Prevenir-se diante de negociações titânicas por meio de advogados especialistas no setor;

7) Saber que não existe plano infalível, mas existe vendedor inabalável e você precisa ser (por natureza) ou tornar-se (por aprendizado) um desses e fazer o que dona Alda ensinou tão bem: continuar vendendo.

Desejo que, em especial, o item 7 seja uma fração inseparável de sua vida.

Já sentiu a tentação de mudar de carreira? Então, o próximo capítulo reserva mais lenha para manter aquecida a sua fornalha de vendas. E vamos vender, pô!

CAPÍTULO 11
COMO MIGRAR A CARREIRA E OS NEGÓCIOS COM MÍNIMO RISCO E MÁXIMA EFICIÊNCIA

11

Adentrar num mercado até aqui inexplorado por você...
Tenho certeza de que já passou pela sua cabeça investir nesse ou naquele nicho.
Acredito que nenhum conhecimento pode ser guardado como tesouro inviolável. Aliás, em terra de cego, quem tem um olho é rei. Não é assim o ditado? Se fosse modernizá-lo, diria que em terra de rede social, quem tem informação pode ser rei e quem se recusa a passar adiante será plebeu a vida toda.

A nova regra do jogo aponta para esse caminho. Antes da internet, conhecimento era vendido por milhões. Agora, doa-se para que dele se frutifiquem os milhões.

O futuro não pertence aos que trancafiam a informação. Porém, abre as portas da conquista aos que propõem dividi-la.

VAMOS VENDER, PÔ!

É o que farei agora. Vou revelar como aumentar o *market share*. Todo segmento conta com profissionais que instruem por meio da prática, como os administradores que atuaram em campo por décadas e hoje lecionam a matéria em cursos acadêmicos; e com profissionais teóricos, como alguns professores de física que dominam a matéria de maneira admirável, mesmo sem jamais ter trabalhado em laboratórios. Sem promover juízo de valor, ambos merecem respeito e são qualificados para exercer suas funções.

O segmento de palestras não é diferente. Temos palestrantes que trazem boa base teórica e outros que vivenciaram na própria pele os problemas e soluções da área em que atuam.

No meu caso, depois dos problemas encarados e de tantos anos vendendo produtos e serviços de marcas renomadas, entendi que precisava avançar e alcançar mais pessoas. Resolvi investir na carreira de palestrante. Acumulava experiência de sobra para a função e tinha um diferencial a oferecer; minhas palestras não se baseariam na teoria do sucesso empresarial e comercial, mas na prática.

Enquanto as peças de divulgação da nova carreira eram preparadas, a diretoria da agência que me representa fez uma pergunta interessante.

— Neder, ao longo da carreira, quantas pessoas você formou?

Durante os 17 anos de Purificadores de Ar Europa, toda semana recrutava e treinava uma média de 300 pessoas. Comecei a fazer os cálculos e concluí que em 42 anos de carreira, entre treinamentos, consultorias empresariais e cursos diversos, formara mais de 1 milhão de pessoas em quase todo o território nacional.

Ciente de minha capacidade de vender, já vi palestrantes de vendas me oferecerem comissão para montar uma turma corporativa, a fim de que palestrassem. Como eu não trabalho com agenciamento de profissionais da área, respondi com franqueza.

— Olha, eu posso até indicar uma empresa, mas você vai até eles para vender seus serviços. Tudo bem?

Dentre várias, a resposta de uma palestrante de vendas me deixou em choque.

— Neder, o problema é que não tenho conseguido fechar as turmas nas reuniões que faço com os empresários!

Em meus pensamentos, uma constatação inevitável surgiu.

Espere aí, a pessoa pretende ir até a empresa ministrar uma palestra de vendas para dar um gás na equipe do empresário e não consegue vender o próprio negócio?

O exemplo deixou patente que existia uma brecha muito grande no segmento. Eu tinha conteúdo para empresários e colaboradores. Além disso, sabia vender meu peixe. Com faca e queijo nas mãos, entrei de cabeça no setor e, pouco adiante, já estava sobre os palcos mais concorridos do setor de eventos corporativos, com microfone nas mãos, soluções na cabeça e lições inspiradas pelo coração.

VAMOS VENDER, PÔ!

Adaptei minha experiência de treinador, instrutor, líder e executivo ao mundo das palestras, que foi aceita pelo público corporativo através do esforço do bom e velho exercício de vender, mas sem grandes dificuldades.

Feirante produtor vende muito porque conhece seu produto, enquanto o feirante revendedor que nunca colocou a mão na terra, vende menos.

Palestrante com vivência comercial vende muito porque conhece a dor do empresário que não vende. Você, leitor, venderá muito, desde que se dedique a embalar seu produto no pacote certo.

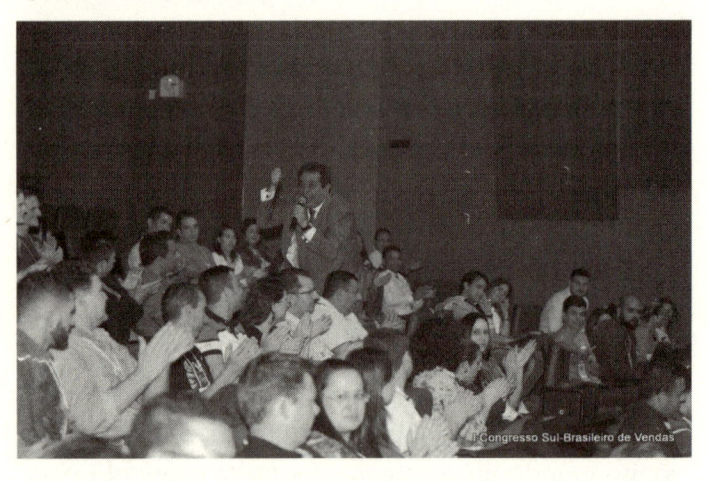

Foi o que fiz. Embalei meu conhecimento nos formatos palestra, *workshop* e treinamento. Desde então, os clientes têm comprado segundo suas necessidades. Eis as reflexões.

O produto ou serviço que você ou sua empresa oferecem estão embalados sob qual formato?

NEDER KASSEM

O currículo disponibilizado na rede social diz quem você é ou está padronizado conforme o mercado e o que os "especialistas" ensinaram?

A empresa está embalada num site de extrema qualidade visual e textual ou você preferiu fazer "meia boca", conforme o bolso permitiu?

Em tempos de soluções práticas e menos teoria, a experiência que você já embalou para vender é suficiente para preencher os critérios de compra do possível cliente?

Sem uma resposta clara, qualquer projeto que preveja o investimento em novos negócios se torna arriscado. Ao investir na área de palestras, fui buscar aprendizado com empresas sérias e especializadas em evento, tais quais a KLA, do amigo Edílson Lopes, e a Corpo RH, do Marcão. São ótimos exemplos de empresas comprometidas com a qualidade e a competência dos palestrantes a quem conferem microfone e palco, o que me remete a registrar outra reflexão.

Se você está entrando num novo território dos negócios, a mínima e laboratorial lição de casa é beber das fontes que jorram o melhor conteúdo e isso deve ser feito antes de se depositar milhares de dólares numa nova e temerária carreira.

A família e os amigos podem motivar e ocultar suas opiniões. No entanto, o público que compõe seu atual relacionamento de negócios não mente. Dezenas de vezes, escutei perguntas semelhantes de parceiros, clientes e fornecedores.

VAMOS VENDER, PÔ!

— Neder, com tanto profissional que desconhece a profundidade das vendas por aí, por que você não se torna palestrante?

É o que se pode chamar de *feedback* prévio. As pessoas ainda nem sabem como será a performance. Confiam tanto que sugerem a sua participação. Estou exemplificando com o setor de palestras, onde tenho gerado um novo *case*, mas o conceito se aplica a todos os nichos.

Na próxima vez que você escutar alguém sugerir que participe de determinado mercado, em vez de ignorar, procure outras opiniões a respeito e pesquise a fundo, dos melhores aos piores que nele atuam. A sua intuição pode até falhar. As pessoas das relações comerciais enxergam um pouco além e dificilmente erram.

Adoro ministrar palestras e mesmo assim, não lanço mão de recrutar, treinar e formar times de vendas para grandes estruturas comerciais, desde colaboradores, até líderes e empresários, razão pela qual tenho batido recordes no setor de franquias.

A palestra representa para mim um dos fundamentos para transmitir informação e conhecimento. Em outros ramos de negócio, é relevante possuir planos A, B, C e D. Além disso, é melhor defini-los desde já, antes que o mercado exija uma movimentação urgente para sobreviver. Por exemplo: Gabriela passou anos na mesma empresa, frustrada e infeliz, com muito desejo e pouca coragem de mudar, até que a demissão repentina a fez buscar recolocação urgente.

Precisa mesmo acontecer dessa maneira ou é

mais saudável, profissional e emocionalmente, traçar o plano de saída e encontrar outra ocupação, antes que a vida force a barra?

Apresentadas as informações que você merece conhecer antes de mudar de carreira, vou passar às suas mãos a solução que prometi. Vejo você no capítulo 12 para mostrar como vendi tanto produto e serviço para membros da imprensa e do futebol.

E vamos vender, pô!

CAPÍTULO 12
COMO FAZER NEGÓCIOS COM GRANDES EMPRESÁRIOS E FIGURAS PÚBLICAS

12

Relatei em diversas ocasiões o começo difícil. O chulé do pensionato, o PF, os salgados endurecidos e os fantasmas do insucesso, que ora alimentei.

Na medida em que galguei degraus e conquistei um case atrás do outro, o nível de relacionamento evoluiu e não aconteceu só comigo. É uma praxe das vendas.

De início, vendedores profissionais negociam com colaboradores ou, no máximo, líderes. Com o tempo, a colheita dos frutos semeados ao longo da carreira permite tomar assento na sala da presidência para negociar, olhos nos olhos, com os empresários. A matemática é bem simples...

Quando o volume de vendas se evidencia em níveis estratosféricos e a execução do serviço oferecido é exemplar, as relações hierárquico-comerciais evoluem.

VAMOS VENDER, PÔ!

O segredo para atrair e manter negociações em nível de diretoria, com quem de fato decide pelo "sim" e assina o contrato de compra, é olhar para o presente e o futuro sem ignorar o passado. O tempo de manter a palavra não saiu de moda. Incontáveis empresas criam o desfavorável hábito de solicitar a revisão de contratos, enviar a "correção do orçamento" ou pedir prorrogação do prazo de entrega.

Ora, preço firmado sob condição contratual deve ser cumprido e, por ocasião da assinatura, os preços devem ter margem para possíveis reajustes no período de fornecimento. É amador demais implorar revisão.

Orçamento não se corrige, se executa. O comprador já tabulou e equalizou os preços, está pronto para gerar o pedido de compra ou preparar o contrato e, de súbito, o vendedor vem dizer que informou preço errado e precisa revisar?

Prazo de entrega deve ser calculado e não "chutado". Um parque de máquinas espera o produto ou uma equipe inteira aguarda o serviço combinado, e em pleno século XXI desculpas não bastam mais. Quem falhar na entrega, dificilmente terá segunda chance.

É o cumprimento dessas ações que aproxima os vendedores profissionais, verdadeiros homens e mulheres de negócios, dos empresários, das pessoas famosas e das vultosas transações comerciais.

Por ocasião do plano Cebolinha, narrei que o nosso belo escritório foi estabelecido na Avenida Paulista, coração de São Paulo. Tempos áureos aqueles, pois alguns anos antes, na ocasião em que fui convocado a atuar como executivo em São Paulo pela primeira vez, não sabia sequer o caminho para acessar a Avenida Paulista.

E como gira essa ciranda da vida e dos negócios...

O primeiro contato com a mais formosa avenida paulistana ocorreu pertinho dali. A empresa me hospedou em um *flat* no bairro da Aclimação.

O presidente da organização me trouxe de Minas Gerais com o cargo de diretor, enquanto muitos gerentes de Sampa e com maior tempo de casa desejavam o cargo. Além de não ficarem com a vaga, a partir dali eu seria líder deles. É possível imaginar que não fui assim tão bem recebido...

Os protocolos da boa educação estavam presentes e o incômodo em seus olhares também era notório. Certo dia, dois desses gerentes sussurravam no corredor e não perceberam quando me aproximei. Um dizia para o outro:

— Este caipira não vai durar um mês aqui!

Assim que perceberam minha presença, o constrangimento foi sem tamanho. Não fiquei chateado. O sentimento deles era compreensível. Aos seus olhos, eu era o mineiro magrelo, alto, barbudo e com dentes protuberantes que lhes roubara a vaga. Com muita calma, provoquei, sem demonstrar nenhum aborrecimento:

— Vocês sabiam que nas estradas mineiras cheias de curvas, nenhum mineiro se aventura a fazer uma ultrapassagem sem olhar no retrovisor? Mineiro não é bobo. Vai que uma carreta está logo atrás e, quando o motorista perceber, o acidente já terá acontecido.

Eles entenderam o recado. Ali, eu era a carreta na estrada deles e ambos se esqueceram de contemplar o retrovisor. Olharam-se, constrangidos, pediram li-

VAMOS VENDER, PÔ!

cença e saíram sem nada dizer.

A oportunidade da minha vida na metrópole onde tudo acontece não seria desperdiçada. Além de vender muito, a equipe gostava da minha liderança, que sempre foi baseada em fazer o time obter a máxima remuneração. Com o tempo, os dois gerentes da carreta e os demais "tiveram que me engolir", expressão eternizada pelo treinador Zagallo. Ao futuro, os gerentes da carreta acabaram deixando este "causo" engraçado e uma lição a todos que estão lendo:

Não importa quantos torçam para você cair, quebrar e fracassar. Ao assumir um cargo de confiança, inspire-se em Zagallo, faça-os engolir o que desejaram de nocivo, não por meio da represália, mas através das conquistas.

Resultados cada vez mais expressivos eram comemorados e a felicidade nunca vem desacompanhada. Não existia televisão por assinatura. Quem quisesse assistir aos jogos, precisaria ir ao estádio ou fazer como eu e escutar a transmissão pelo rádio, estilo do qual sempre fui fã. O novo cargo me deixou muito próximo ao Pacaembu e ao Morumbi. Eu teria a chance de assistir aos jogos do timão ao vivo.

Naquele primeiro domingo em Sampa, enquanto tirava as camisas da mala e me ambientava ao *flat* – diga-se, bem diferente do agora famoso pensionato –, eu assistia ao programa que não era transmitido em Minas, o Mesa Redonda, apresentado por Roberto Avallone. Estava interessado nas informações preliminares do clássico Corinthians contra São Paulo agendado para o domingo seguinte no Morumbi.

NEDER KASSEM

Quem frequenta estádio bem sabe que ir sozinho não é tão legal. Estava morrendo de vontade de comparecer ao jogo e não sentia a menor disposição de convidar algum gerente da empresa para me acompanhar, por razões que você bem pode imaginar...

Uma semana se passou. Decidi que iria sozinho. Ansioso, naquele domingo de jogo acordei às 6h e fui tomar café. Comentei com o garçom Francisco o meu total desconhecimento para chegar ao estádio. Foi gentil como de hábito, fez um mapa, recomendou que deixasse o *flat* por volta de 13h e haveria tempo de sobra. Mineiro não perde o trem. Resolvi sair às 11h. Fui até Francisco revisar o plano do itinerário. Ele estava começando a preparar as mesas para o almoço. Vi um homem passar por mim e pude jurar que o conhecia de algum lugar. Vasculhei o velho baú das memórias e nada. Não fazia ideia de quem fosse. Resolvi recorrer ao prestativo garçom Francisco e iniciamos um diálogo.

— Tenho a nítida impressão de que conheço esse cara que acaba de passar e não me lembro de onde.

— É claro que conhece, Sr. Neder. Talvez não esteja se lembrando, mas ele é da televisão.

Fiquei ainda mais confuso.

— Da televisão, Francisco? É algum artista?

Ele sorriu com gentileza e compreensão.

— Ah, agora me lembro. O senhor é de Minas e talvez não acompanhe seu programa. Ele apresenta o Mesa Redonda. É o jornalista esportivo Roberto Avallone.

Foi aí que me caiu a ficha. O pensamento de vendedor aflorou.

Se ele é apresentador de programa esportivo, com

VAMOS VENDER, PÔ!

certeza irá ao jogo. Como posso abordá-lo e dizer que quero ir ao jogo com ele?

Guardei o pensamento por um instante e voltei a falar com Francisco. Garçom é uma classe muito bem informada sobre tudo e todos.

— Ele mora aqui, Francisco?

— Avallone se separou no mês passado e mudou pra cá, enquanto procura um lugar definitivo.

Agradeci ao garçom, dei-lhe uma generosa gorjeta e fui andando em direção ao apresentador, tão confiante quanto um governador eleito em dia de posse. Enchi os pulmões e o abordei como se tivéssemos uma amizade de 30 anos.

— Ô, Avallone, como vai, rapaz?

Ele me deu uma olhada de cima abaixo e não deu muita trela. Respondeu um mero ruído para retribuir. Ainda assim, puxei a cadeira e me sentei. Vendedor que sou, puxei conversa.

— Desculpe-me por atrapalhar, Avallone. Meu nome é Neder Kassem. Não quis perder a oportunidade de comentar. Sou mineiro e, infelizmente, seu programa não é transmitido por lá. Uma promoção na empresa me trouxe até São Paulo e assisti ao seu programa pela primeira vez no domingo passado, assim que cheguei ao flat. Você foi um dos poucos jornalistas que teve a coragem de arriscar um placar para o jogo de hoje, apontar os erros que a diretoria dos dois clubes cometeu neste ano e sugerir a escolha mais adequada da escalação. Quero te parabenizar pelos comentários dignos de um especialista na área. Bom almoço!

NEDER KASSEM

Fiz menção de levantar e ele me interrompeu.
— Espere um pouco, Neder. Sente-se aí!
Enquanto existir futebol e vendas, haverá longas conversas. Começamos a trocar informação e o assunto fluiu. Quando senti a brecha, fui direto.
— Avallone, imagino que você vá ao jogo.
— Opa, com certeza. Além de estar interessado na partida, vou trabalhar. Daqui a pouco vou pedir o táxi.
— Avallone, vou ser sincero, cara. Estou com o carro na garagem e confesso que se eu der duas voltas no quarteirão, talvez me perca. Não conheço quase nada em São Paulo. Você gostaria de ir comigo ao estádio? De repente, você me ensina o caminho, eu te dou uma carona e os dois ganham. O que acha?
— Claro, Neder. Vamos lá!
Minutos depois, estávamos dentro do meu carro, um Monza, luxuoso naqueles tempos. O papo continuava animado e me vi a pensar:

Ele vai entrar pelo setor de imprensa. Será que eu poderia entrar com ele? Seria fantástico conhecer o narrador Fiori Gigliotti, que narrava com muita poesia:

"Abrem-se as cortinas e começa o espetáculo".

Quem sabe até o Osmar Santos ou o Luciano do Valle.

Isso tudo era pensamento. Não tive coragem de pedir nenhum privilégio. Quando paramos o carro, Avallone perguntou se eu já tinha ingresso.
— Não. Exatamente por isso, fiz questão de sair bem cedo do *flat*.

VAMOS VENDER, PÔ!

Ele apontou o dedo para o setor da imprensa e disse:
— Eu vou ficar ali, Neder. Sou jornalista sério e poderia até te convidar para entrar comigo, mas não quero que ninguém insinue que estou praticando evasão de renda. Compre seu ingresso e venha até o setor de imprensa. Eu vou te aguardar.

Agradeci e saí correndo. Quando cheguei, encontrei uma fila quilométrica que me tomaria no mínimo uma hora. Um novo pensamento foi inevitável.

Avallone não vai me esperar. Perdi uma baita oportunidade!

Depois de enfrentar a fila, voltei correndo e, para minha grata surpresa, lá estava Avallone conversando com Luciano do Valle. Gesticulei e ele veio ao meu encontro. Conversou com o segurança, que conferiu o ingresso e liberou minha passagem.

Avallone apresentou-me a Luciano do Vale, ao repórter esportivo Roberto Carmona e a todos os famosos que encontrávamos. Adiante, não resisti e fiz um pedido.

— Avallone, você tem sido muito gente boa comigo e, por enquanto, ainda nem sei como retribuir, mas vou descobrir. Será que posso te fazer um último pedido?

— Manda, Neder. Sem problemas!

— Sou fã do Fiori. Será que você poderia me apresentar a ele?

Sem hesitações, Avallone levou-me ao ídolo. Eu parecia uma criança. Fiori foi ainda mais camarada e perguntou:

— Tem algum jogo narrado por mim que você considere inesquecível?

NEDER KASSEM

Nem precisei de esforço para lembrar.

— Fiori, em 1971, o Corinthians perdia para o Palmeiras. O placar estava por 3x1 e o timão virou o jogo, vencendo por 4x3.

Depois de detalhar o jogo, imitei a narração dele e Fiori ficou emocionado. Pediu que sua equipe providenciasse cópia da fita cassete deste jogo e me ofereceu como presente.

Depois das gravatas de dona Alda, era o segundo melhor presente que eu já tinha recebido em toda a minha vida.

Naquele dia, o Corinthians ganhou. Avallone me levou ao vestiário. Conheci os jogadores de meu time e também o elenco do São Paulo.

Talvez você esteja a se perguntar o que esse "causo" tem a ver com a proposta do livro e, além da emoção que aquele dia representou em minha vida, é claro que eu estava ali como torcedor e fã do esporte, mas nunca deixei o uniforme das vendas guardado. Onde e com quem eu estiver, vou vender.

Naquele dia, vendi ao Avallone cortesia e admiração. Recebi como pagamento uma sequência de portas abertas. Vendi ao Fiori emoção. Recebi como pagamento um presente de inestimável valor. E agora pergunto: sem cortesia, admiração e emoção, alguém seria capaz de vender qualquer produto, ainda que seja o melhor produto do planeta?

Eu já sei qual foi a sua resposta...

Depois do jogo, eu e Avallone nos tornamos amigos. Ele tinha cargo de confiança na Gazeta e me apresentou muita gente. Vendi purificadores para praticamente todos os colaboradores. Através do amigo Avallone, acessei os

VAMOS VENDER, PÔ!

times Guarani, Ponte Preta, Portuguesa, São Paulo, Santos e o próprio Corinthians, time de meu coração. Montava quiosques nos clubes e arrebentava de vender.

Tempos depois, fui para Porto Alegre, fiz amizade com o técnico do Grêmio, Luiz Felipe Scolari e vendi para quase todos os gremistas.

Costurei o acordo de patrocínio da Purificadores de Ar Europa para o programa do Avallone, que me apresentou ao Milton Neves, e este me apresentou ao Galvão Bueno.

Construí um relacionamento sólido e franco em diversas frentes com pessoas influentes que me abriram outros canais.

Sempre acreditei que podem tirar tudo de um homem, exceto o que lhe vai à mente e ao coração.

Podem tirar tudo de um homem, mas se ele souber manter relacionamentos, haverá de se recuperar. As pessoas são o que existe de mais importante nesse mundo e não afirmo isso por ser bonitinho de se dizer. Acabei de demonstrar a verdade por trás dessa afirmação. Relacionamento sempre foi o sustentáculo de tudo em minha vida e a receita é simples; o amigo de meu amigo é também meu amigo.

O vendedor que não tiver a coragem e a cara de pau de fazer o que fiz para conquistar a amizade de Avallone talvez não tenha coragem suficiente para ficar rico e conhecer pessoas influentes.

Vejo teorias e mais teorias de vendas vomitadas por supostos especialistas. O mercado teria mudado, as pessoas e o mundo teriam mudado e, de certa forma, eles estão certos; mudou mesmo. A essência das vendas, entretanto, não mudou e jamais mudará: relacionamento é o eterno e mais poderoso canal multiplicador de vendas.

Disso tudo, a lição final que desejo validar no capítulo refere-se à capacidade de enxergar a oportunidade, como fiz ao perceber que estava no mesmo restaurante que o Avallone; lutar pela chance única sem constrangimento, como fiz ao puxar a cadeira e sentar-me diante dele antes mesmo de ser convidado; e, por fim, lembrar-se de continuar vendendo, como dona Alda ensinou: onde, com quem e sob quaisquer circunstâncias.

Ao despir-se de uma parte ou toda timidez, o sucesso em vendas passa a ser possível. Ao inserir doses de ousadia, é provável, e ao tecer relacionamentos com franqueza, coração aberto e desejo sincero de ajudar para ser ajudado, o sucesso é garantido.

A pá está nas mãos do vendedor. Ele pode cavar um pequeno buraco para semear ali sua evolução ou um grande buraco para enterrar-se. Mostrei como evoluir em vendas com grandes clientes e, no próximo capítulo, responsabilizo-me por apresentar problemas que enterram a carreira dos profissionais de vendas.

E vamos vender, pô!

CAPÍTULO 13
AS CARACTERÍSTICAS QUE ENTERRAM O VENDEDOR AINDA VIVO

13

Quando a KLA decidiu inaugurar sua escola de vendas, estive à frente dos primeiros trabalhos. Em uma semana, tínhamos 40 alunos. Um ano de trabalho depois, chegamos a registrar 780 alunos, a grande maioria composta por pessoas de relacionamentos anteriores, por clientes que em algum tempo compraram comigo um produto ou serviço e agora voltavam a confiar.

Abri o capítulo 13 mencionando esses números para quebrar um paradigma. Incontáveis profissionais de vendas mudam de setor e abandonam sua relação de clientes, supondo que o cliente que comprava, por exemplo, filtro de ar, não possa se interessar por seu novo produto, que é seguro de vida.

Todo produto ou serviço pode interessar às relações antigas e só depende da habilidade de identificar o que e como se encaixa na vida pessoal ou na empresa do antigo cliente.

Abandonar uma carteira de clientes equivale a descartar amizades, ignorar relações outrora sólidas e negar novos negócios por antecipação.

No capítulo anterior, destaquei o relacionamento como pilar eterno de sustentação e multiplicação das vendas. Em relação aos fornecedores e parceiros, a base é idêntica. O ato de saber relacionar-se gera credibilidade em quaisquer circunstâncias.

Quando fechamos o acordo para que eu representasse a Escola de Vendas KLA, ainda me recordo das palavras do presidente:

— Neder, estamos assinando contrato para que você represente minha empresa. Se eu puxar sua ficha cadastral, vou encontrar alguma surpresa?

Municiado da credibilidade que minha carreira sempre teve, fui franco.

— Você vai encontrar processos que somam valores muito expressivos.

Os olhos de meu interlocutor se arregalaram. Expliquei que o montante era fruto de uma peleja milionária que vinha se arrastando na justiça, detalhei a origem e as etapas do processo.

O presidente da empresa confiou em mim e esta é a dica que vale deixar. No mundo das vendas, nada se esconde. Quem tem um problema ou enfrenta alguém na justiça não pode tentar esconder.

Nada é mais forte e poderoso do que o relacionamento e só pode ser conquistado pela verdade. Se a pessoa errou, deve assumir o erro, justificar o motivo que a fez errar, abrir o coração e afirmar que não mais errará dessa forma. Se foi lesada por alguém ou por determinada empresa, precisa relatar o que aconteceu. O que não pode ocorrer, jamais, é levantar o tapete e deixar a sujeira ali, pretensamente escondida, enquanto tenta fechar novos negócios. Usei o verbo tentar para explicar que vai ficar na tentativa. Empresário ou cliente algum contrata produtos e serviços de profissionais que tentam mascarar o passado.

A profissão de vendas é a única que oferece chances reais de sair do zero e construir milhões.

Nenhuma profissão permite tantas oportunidades para recuperar aquilo que foi tomado pelo viés da injustiça, como aconteceu comigo.

A justiça brasileira, tão injustamente criticada por muitos, mostrou a um grupo multinacional que aqui não é a casa da mãe Joana e que não se pode tirar ou tentar tirar do parceiro de negócios aquilo que lhe pertence.

Perdi bens e muito dinheiro. Mas os meus algozes não conseguiram tirar minha experiência, que utilizei para construir um patrimônio ainda maior, através de sangue, suor e alegria.

VAMOS VENDER, PÔ!

Isso mesmo. As lágrimas não acompanharam o sangue e o suor. Eu as deixei para trás e segui o caminho de reconstrução com muita alegria. Em sã consciência, nunca faria diferente disso.

Até hoje, nunca conheci alguém que tenha construído um legado por meio das lágrimas e da tristeza. Apenas um pensamento me guiava, inspirado por meu filho Kassem, que sempre me fortaleceu: vamos vender, pô!

Problemas jurídicos têm afetado o humor? Contrate o melhor advogado que seu dinheiro possa pagar.

A dilapidação do patrimônio conquistado tão arduamente tem deixado suas noites insones? Acorde para reconstruir tudo com a mesma disposição que tinha quando construiu.

A família está em pé de guerra por perceber que o padrão de vida sofrerá uma queda? Dialogue para que aprendam a conviver com pouco e vá, aos poucos, resgatar o padrão que tinham.

Alguns amigos desapareceram na mesma proporção que o dinheiro foi acabando? Pare de olhar para trás e para os lados. Olhe para cima e para a frente, abra espaço e verá novos amigos que agregam valor à sua vida.

Assim por diante, cada problema tem uma solução e as únicas que não devem ser adotadas são o conformismo e a autopiedade. Vou explicar o que esses comportamentos representam pelo ângulo comercial.

Conformismo em vendas

Vendedores conformados com os próprios resultados e os desgostos que têm experimentado tendem a parar. Todo cliente parece chato, toda negociação parece pequena demais e a motivação para o desejo de crescer na profissão ou aumentar o patrimônio desaparece. Caso se identifique nessa etapa da carreira pela qual todos passaremos, o caminho é resgate, resgate e resgate. Vá buscar o vendedor que existia antes do conformista chegar.

Cavar um buraco bem fundo e enterrar ali o conformista é uma estratégia de guerra. Do contrário, o conformista enterrará o vendedor ainda vivo.

Aliás, você deve conhecer algum vendedor que atue como morto-vivo. Pode ter certeza de que não foi da noite para o dia que ele ficou assim. Aos poucos, a porção conformista dominou sua natureza e o condenou em definitivo.

Autopiedade em vendas

Somos seres humanos e existe uma certa tolerância natural em relação aos nossos defeitos. Clientes aceitam todo tipo de falha. Porém, se tem um comportamento unanimemente intolerável é a autopiedade, algo quase inevitável quando perdemos algo precioso.

A piedade de si não é um pecado capital e ninguém passa pela vida isento dessa sensação. O problema é quando os vendedores resolvem usá-la como estratégia de vendas.

— Preciso bater a meta do mês e faltam só 50 mil.

VAMOS VENDER, PÔ!

Você não teria alguma comprinha pra fechar comigo e me ajudar?

A autopiedade leva os profissionais a agirem como se fossem mendigos precisando de um prato de alimento. Grandes negociadores não pedem para fechar a título de ajuda. Oferecem contrapartidas pontuais e oportunidades únicas. Conquistam o cliente, a venda e a meta sem choramingar.

Grandes negociadores não utilizam expressões diminutivas para fazer menção ao que fazem de melhor, como vendinha, pedidinho e comprinha. Apresentam projetos e não produtos. Ilustram soluções e não meros servicinhos.

Cometi muitos erros e aprendi para não repetir. Alcancei muito acertos e adoro repeti-los. Todas as vezes que o conformismo e a autopiedade se apresentaram para trabalhar em minha vida, procurei expulsá-los com um belo chute no traseiro.

Como diz Jair Oliveira, filho do cantor Jair Rodrigues, em seu clássico para crianças: "Opa, caiu, levanta, se não machucou, não arranhou; caiu, levanta".

Imediatamente após se levantar dos tombos aos quais estamos todos sujeitos, a pernada seguinte é identificar a sua alegria, o que de fato te faz feliz em vendas.

Minha alegria hoje é formar jovens, transformar sua visão de negócios, fazer com que sua remuneração passe de 1.500,00 para 15.000,00.

Minha alegria é reciclar experientes, colocar homens e mulheres de negócios em sala de aula e revelar alguns segredos que só a experiência, a dor e o amor às vendas possibilitam.

Minha alegria é poder registrar o primeiro livro de vendas da carreira aos 56 anos, sem receio de mostrar tombos, relatar como sacudir a poeira e dar a volta por cima ao estilo caiu-levanta.

Estou chegando ao fim da primeira obra, mas espero que seja o início de um exercício contínuo, pois estou adorando este formato de contribuição.

No próximo e penúltimo capítulo, vou apresentar as queixas de calendário mais comuns que envolvem cada mês do ano.

E vamos vender, pô!

CAPÍTULO 14
SEGUNDO OS PESSIMISTAS, TODO MÊS É RUIM PARA VENDER

14

Por que alguns vendedores atingem rendimentos anuais de 7 dígitos, enquanto outros passam a vida inteira, ano após ano, sem contemplar sequer 6 dígitos em sua conta corrente? A primeira resposta está ligada à perspectiva. Em vez de enxergar o ano de vendas, a maior parte dos profissionais considera "quanto ganha por mês".

O hábito de focar nos próximos dias inibe ou impede planos para uma visão empreendedora e construtiva.

A segunda e definitiva resposta diz respeito à distância entre operar como mero vendedor e tirador de pedidos ou vendedor-consultor especialista em soluções.

Vendedores que agem como tiradores de pedido só têm uma óbvia, robótica e entediante função: tirar pedido das vendas que caem sobre seu colo.

Consultores de vendas apresentam soluções, identificam as dores dos clientes, resolvem-nas e prestam assessoria antes e depois da dor solucionada. A venda, nesse caso, é uma recomendação natural, benéfica e justa diante de tanto esforço diferenciado.

Enquanto o consultor se especializa, troca noitadas por estudos até tornar-se *expert*, pesquisa e articula necessidades setoriais ou pontuais do cliente, além de considerá-lo um amigo: o pobre vendedor que tira pedidos sofre com o triplo estereótipo que lhe é conferido pelo próprio mercado.

1) Empurra o que vende;
2) Implora pela compra;
3) Luta por um reconhecimento que nunca chega.

O consultor recebe tanto dinheiro pelo que faz que precisa contratar um consultor financeiro para indicar como investi-lo da melhor maneira. O tirador de pedido está sempre no vermelho, vendendo o almoço para comprar a janta.

A resposta que serve como ponte de um lugar a outro é simples por conceito e exigirá que se cumpra todos os diferenciais que acabo de listar. Basta parar de atender como amadores e começar a vender como profissionais. Eis a diferença básica: tiradores de pedido atendem com os olhos fixos no relógio, rezando para que o dia acabe logo e possam descansar. Esforçam-se para atender bem e não para vender bem.

O profissional tem seu olhar fixo no relógio, mas torce para o dia se mostrar elástico, a fim de sobrar mais espaço e vender mais.

Como eu disse no início do capítulo, grandes profissionais consultores de vendas enxergam o ano inteiro como oportunidade. Diante do feriadão prolongado, pensam em vender mais antes e manter o cliente abastecido, enquanto tiradores de pedido estão sempre a reclamar que os seus amigos viajaram para curtir o feriado e eles, "pobres vendedores injustiçados", estão na labuta. Ainda dizem algo como: "vida de vendedor é uma escravidão mesmo".

Os tiradores de pedido são responsáveis por alardear negativismo em vendas. Quando você assiste a uma reportagem pessimista desse ou daquele órgão responsável pelas estatísticas do setor, saiba que por trás dos números apresentados existe um burocrata de plantão que não pensa em vendas bem executadas e calcula somente as vendas que cairão no colo dos lojistas e industriais.

Vamos ver como funciona o decorrer do ano na cabeça e no coração dos tiradores de pedido e dos pessimistas de plantão.

1) Janeiro – É difícil demais para vender. Em tese, as pessoas estão de férias, as empresas estão em fase de alinhamento e ninguém compra nada;

2) Fevereiro – Quem nunca ouviu dizer que fevereiro, além de muito curto, é um mês em que as pessoas não aceitam comprar nada, que só pensam em carnaval, folia e baderna?

3) Março – Costuma-se alegar que é o mês da ressaca financeira, que as pessoas estão equilibrando as contas acumuladas durante as férias e conciliando a agenda financeira dos tributos que envolvem imóveis e automóveis. No corporativo, diz-se que antes e durante o mês de

março, as empresas só compram os itens indispensáveis para o mínimo funcionamento da estrutura;

4) Abril – Os pessimistas afirmam que é um mês complicado em função dos feriados prolongados que envolvem Semana Santa, Páscoa e Tiradentes;

5) Maio – Tenho certeza de que você conhece derrotistas que afirmam ser este o mês em que as pessoas só pensam em casamento, que só se vende vestido de noiva ou presente para a mamãe e ninguém dá a menor bola para os negócios;

6) Junho – Mais uma vez, a turma do "pouco esforço" afirma que é um mês travado, que os clientes estão mais preocupados em fazer alguma reserva financeira para as férias da família e, por conta disso, colocam o cadeado na carteira;

7) Julho – Neste mês, sacramenta-se o insustentável argumento negativo e credita-se às férias todo resultado negativo colhido pelo comércio, pela indústria e pelo terceiro setor;

8) Agosto – É nesse período que os pessimistas mais supersticiosos entram em cena, dizendo que sua "má sorte" se justifica em função de ser o mês do cachorro louco, das coisas que dão errado, da roupa marrom que não pode ser usada e quando toda essa sandice não basta, afirmam ainda que os clientes estão se preparando para o final do ano e nada compram;

9) Setembro – Tá difícil para todos. Quem vai querer comprar alguma coisa nessa época em que as pessoas começam a enxergar o final do ano e a empresa começa a se preparar para as paradas de maquinário? – pergunta o cético ao seu líder, tentando

justificar o injustificável, sem dar-se conta de que o concorrente está arrebentando de vender;

10) Outubro – É o pior mês do ano para a geral e o melhor mês do ano para quem vende ou fabrica brinquedos, segundo opinião dos conformistas;

11) Novembro – Todo mundo segura o dinheiro para as férias e até as empresas poupam para que seja possível liberar o *budget* do churrascão anual. Procure relatórios de vendas e você encontrará o que acabei de escrever ou algo parecido no campo "justificativa";

12) Dezembro – Ah, isso aqui tá uma droga. Eu nunca me engano. A única coisa que se vende em dezembro é peru! – dirá o líder de todos os pessimistas.

Acabei de apresentar o calendário dos pessimistas, que se esforçam durante 12 meses para "atender e dar desculpas" e fazem o mínimo esforço – o menor possível – para vender.

Sem um líder que possa refutar argumentos tão ridículos, todo time de vendas fica exposto ao sabor dos convincentes tiradores de pedido. E não tenha a menor dúvida de que são mesmo persuasivos.

Quem tem o hábito de justificar, prévia ou posteriormente, o motivo de seus insucessos colecionados, com eficiência desenvolve também o nocivo costume de propagar o caos e semear o pessimismo. De um em um, de vendedor em vendedor, minam o otimismo, a perseverança, a garra e o desejo de vencer da equipe.

Especializei-me em vender nos períodos de maiores queixas da massa, por uma constatação que garantiu recordes em todas as operações comerciais que assumi.

VAMOS VENDER, PÔ!

Onde existir uma grande massa a queixar-se, existirão duas frações de minoria; uma que observa essas queixas e migra para o mesmo time queixoso e outra que procura brilhar onde a maioria deixou a luz das vendas apagada.

Reúna seus profissionais de vendas que se queixam e aceite o desafio que vou lançar agora. Durante o carnaval, a copa do mundo, as eleições ou qualquer evento-pretexto, leve-me até sua empresa para vender aquilo que sua equipe alega não conseguir vender nesse período e juntos vamos construir resultados nunca alcançados, lembrando que vender é viver, em qualquer dia, hora, lugar e circunstâncias.

Médicos, engenheiros e matemáticos são valorizados em função de terem investido e estudado muito para obter conhecimento. O que falta aos vendedores profissionais do Brasil é identificar o conhecimento que querem agregar ao currículo para obter segurança e autoridade no setor.

Quem precisa submeter-se aos cuidados de uma ampla intervenção cirúrgica e pode pagar o melhor doutor da área, não vai se contentar com o "mais ou menos". Esse melhor doutor empreende em necessidades como estudar, conhecer e ser *expert* . Nos negócios, essa reflexão nos leva até as últimas duas perguntas do capítulo.

Por que alguns profissionais de vendas acham que o cliente vai ficar satisfeito com o vendedor mediano, se ele pode pagar o valor, quase sempre mais alto, de um doutor em vendas capaz de curar os problemas que sua empresa enfrenta?

Todo ser humano confia sua saúde ao melhor médico e confia sua empresa ao melhor fornecedor. Não é uma expressa ingenuidade supor qualquer coisa diferente disso?

E vamos vender, pô!

O último capítulo vem aí e já estou pensando como farei o próximo livro, e até esse pensamento traz uma dica que vou validar imediatamente.

Criou e vendeu uma solução? Parabéns! Levante-se, sem descanso e crie outra.

Em sua admirável grandiosidade, se a Terra não interrompe a própria movimentação, por que nós, tão menores e vulneráveis, haveríamos de parar?

CAPÍTULO 15
A ESCASSEZ E A CORAGEM

15

Vamos mudar o bico do avião. Vamos mudar a estratégia, porra!

Quando a coisa estiver feia, nem sempre o gestor ou o líder vai encontrar a solução. Quem tiver a coragem de dizer algo nesse sentido, a petulância de colocar em risco o próprio emprego em nome de uma ideia que não deve ser silenciada, vai se destacar.

Empresas estão repletas de pessoas indispostas à validação da ousadia. Nosso país coleciona incontáveis casos de empresas que quebraram logo no primeiro ou segundo ano de existência, e o mais triste é que não deixaram o mercado por incompetência de produtos ou serviços. A falta de coragem ainda é causa direta de erros não corrigidos e vitórias não alcançadas.

O recado final do livro é destinado aos vendedores que almejam o cargo de gerente. Aos gerentes que ambicionam o cargo de diretor. Aos diretores que sonham com o cargo de vice-presidente a aos vices que pretendem chegar ao mais cobiçado posto – a presidência.

Contra as probabilidades, em desafio direto às leis da lógica e em oposição aos que me pediram para desistir (inclusive eu, em alguns momentos de fraqueza), fiz e ainda faço negócios com pessoas e empresas que boa parte dos concorrentes não se atreveria nem mesmo a se aproximar.

A receita final do bolo, que entrego com muito prazer ao término da obra, não é exclusiva e pode ser replicada por todos os vendedores preocupados com o próprio crescimento, a evolução da empresa que representam e a expansão ininterrupta da grande família que o mundo das vendas representa.

A riqueza é bem-vinda, existe muito além do dinheiro, começa com a atitude e se multiplica por legado. O maior erro é tentar enriquecer somente por dinheiro, sem legar o que sabe e em vez de multiplicar, decidir acumular.

Munido de nobre propósito, multiplicar dinheiro, patrimônio e resultados é uma atitude circular advinda do pensamento rico. Acumular esses três desejos materiais sem propósito é uma atitude pontual e finita, lembrando que a multiplicação é infinita e o mercado já provou que o mero acúmulo pode ter um final nada feliz.

No quesito grandes vitórias em vendas, posso garantir que será fácil por definição e também devo assegurar que será difícil por obtenção. Ou seja, ainda que eu ofereça um pensamento rico, só vai funcionar se a sua ação for igualmente abastada.

Não me refiro exatamente ao dinheiro ou berço. O desafio é pensar de maneira rica ou pobre e cabe exemplificar.

A visão pobre – olhar para o presente e o futuro, propor a inversão do caminho, da estratégia e do plano de ação. Requer coragem e colocará em risco o meu emprego.

A visão rica – olhar para o presente e o futuro, propor a inversão do caminho, da estratégia e do plano de ação. Requer coragem e colocará em ascensão minha carreira.

Ambos vivenciam o dilema de imprimir mais coragem do que o habitual e as visões se distanciam porque o rico enxergou ascensão onde o pobre só contemplou risco.

O rico vislumbrou a carreira, enquanto o primeiro só conseguiu ver um emprego.

A massa de vendedores pode até reclamar que está ruim e reafirmar o pensamento pobre de vender para sobreviver ou vender "enquanto surge um trabalho melhor". Em um pequeno grupo, e dependendo do porte da equipe, talvez uma pessoa pense de forma rica. Vou ilustrar um caso clássico:

Era o trigésimo e último dia daquele mês, data que significa a glória dos que lutaram e o pesadelo dos que desistiram.

No plano de expansão da Ecoville, uma das vendedoras de nossa equipe resolveu telefonar para um cliente que já franqueara a contratação e instalação de outras lojas. Nada mais havia para ser fechado. Em qualquer outra equipe, poderia se pensar desse modo. Com a vendedora que treinamos e em quem investimos, foi diferente. Ela conhecia detalhes do cliente e seu respectivo poder de compra.

O cliente tinha vivenciado e confidenciado para a nossa vendedora uma dificílima situação de divórcio e, movido pelo desejo de enfiar a cara no trabalho, a fim de não ficar pensando e sofrendo, estava disposto a assumir uma carga ainda maior.

Pensando nisso, a vendedora consultou as opções para elaborar uma proposta especial, ligou para o cliente e falou a verdade:

— Estou ligando porque duas pessoas me telefonaram em busca de uma franquia na região e, antes de ensaiar para concretizar o possível contrato, achei justo te ligar e oferecer exclusividade. Caso tenha interesse em minimizar o impacto de uma concorrência regional muito próxima e manter os mesmos benefícios das outras franquias que já adquiriu, precisamos fechar e assinar contrato ainda hoje!

Trinta minutos depois, o montante da entrada estava depositado na conta da empresa. Enquanto isso, alguns vendedores reclamavam que a injusta meta do mês era inalcançável e outros desistiam, jogavam a toalha, como o famoso WO que já comentei.

Repare que a vendedora teve uma ideia prévia à venda, um argumento que se antecipava à possível objeção e a constatação da escassez antes do inevitável.

Antes de vender, ela entendeu que o cliente procurava ocupar a mente. Antes de refutar objeções, ela ofereceu um argumento solucionador e antes que o concorrente disputasse mercado, a profissional ofereceu escassez verdadeira e atendimento exclusivo.

O que vou fazer e qual atitude devo adotar para melhorar os dias e meses ruins?

É o tipo de pergunta que resulta em querer e conseguir vender mais. É a pergunta que vale milhões de dólares e cujas respostas poucos estão dispostos a explorar, pois nadar num mar de possibilidades exige braço forte e conhecimento.

Nada mais frustrante numa operação comercial do que estipular, para efeito demonstrativo, a tímida meta de 100 vendas por dia e ver a equipe concluir 80 delas. Líderes de perfil oba-oba ficam satisfeitos com o esforço da equipe. No meu caso, valorizo a equipe, mas fico aborrecido com a ausência de ideias que culminaram nessa lacuna de 20 operações frustradas.

Sem ideias desafiadoras e coragem para colocá-las em prática, equipe alguma persegue um propósito. No máximo, corre atrás de resultados.

No futebol, quando surge alguém tentando ganhar antes de entrar em campo, dizemos que jogo é jogado e lambari é pescado. Se o principal atleta do time favorito contar vantagem prévia diante da imprensa, afirmamos que nunca se teve notícias de algum time que ganhou na antevéspera.

Algo parecido acontece na área comercial. Vendedores passam o mês sem grandes esforços para vender nada, indispostos a buscar resultados melhores

VAMOS VENDER, PÔ!

e nadar no mar das possibilidades. Mas, quando os últimos dias se aproximam, saem numa carreira desenfreada, tentando recuperar o prejuízo.

Em vez de correr contra o negativo, por que não apresentar ideias, utilizar recursos disponíveis e, dessa maneira, correr a favor do positivo?

Perder em vendas não é a parte ou o desafio mais difícil a se lidar. Complexo mesmo é verificar que perdeu e faltou uma: apenas uma venda para que tudo fosse diferente.

Defina cota, meta e objetivo.

Cota é obrigação, e se não for batida a casa cai para a empresa e os profissionais.

Meta é a busca ideal por algo tão tímido quanto o exercício de sobreviver.

Objetivo é a consagração de um resultado único e invejável que muitos lutam e pouquíssimos alcançam.

Ao curso da adolescência, minha cota era vender seguros porta a porta. Tão logo a idade adulta se aproximou, o tímido objetivo era vencer e ter uma vida melhor em relação ao pensionato do chulé. Um pouco mais tarde, apenas me faria feliz o objetivo que se traduzisse num legado para ajudar os vendedores deste país maravilhoso que acolheu minha família e meu povo.

É chegada a hora de me despedir. Sou muito grato e me sinto honrado por você ter lido cada página, cada desabafo e cada humilde lição.

Peço que faça contato, opine, troque percepções e me convide para um café em sua empresa.

Finalizo com uma pequena e sincera homenagem ao "gigante amigo" que nos uniu como autor e leitor (a):

NEDER KASSEM

Você salvou meu valoroso pai em tempos de guerra.
Você me apresentou oportunidades para crescer como homem e empresário.
Você mostrou como é valorosa a presença dos pais.
Você me proporcionou uma carreira de sucesso.
Você me energizou quando desistir parecia a melhor e única saída.
Você me aceitou e adotou como filho de teu solo e assim me considero; árabe por descendência, brasileiro de coração, mineiro com muito orgulho e vendedor por missão.
Obrigado, Brasil!

Jamais se esqueça: Vender é viver. Viver é vender.
Aguardo o seu e-mail:
nederkassem@gmail.com
E como já aprendemos...
Vamos vender, pô!

POSFÁCIO

Mergulhar no mundo das vendas e entender como viver intensamente. O livro me pareceu uma proposta nesse caminho!

Conheci Neder Kassem num evento. Ele estava no palco e defendia a inspiração como recurso de vendas. De repente, deu um pulo e gritou com toda força dos pulmões:

— Olhem pra mim, pô. Vocês acham que eu tô inspirado?

O cara é doido, mas é intenso naquilo que acredita! – instantaneamente, confesso que pensei assim. Adiante, se eu fosse resumir Neder em uma frase, usaria a mesma que ele costuma utilizar.

Viver é vender intensamente!

Junto com meu pai e irmão, decidimos contratá-lo para um treinamento. Na ocasião, percebi que tinha mais a aprender do que imaginava. No segundo treinamento para treinar toda nossa equipe, descobrimos que

VAMOS VENDER, PÔ!

Neder era um líder capaz de tocar o coração das pessoas. No dia seguinte, colaboradores começaram a mudar, a demonstrar mais eficiência e comprometimento.

Tempos depois, o contratamos para liderar o projeto de expansão da companhia e ele respondeu com muita humildade:

— Obrigado por acreditar em meu trabalho e confiar em mim para lidar com o sonho de sua família!

Outras pessoas poderiam ter assumido, mas duvido que dariam conta das responsabilidades e dos obstáculos que o nosso sonho envolve.

No palco, palestrantes costumam trabalhar figurino, postura corporal, entonação e diversas técnicas de oratória. Neder ministra palestras e troca tudo isso pela chance de falar com alma e coração, dom que poucos possuem e por isso toca tão profundamente os times comerciais.

Números são importantes e vivemos de resultados. Sempre reconheci que trazemos resultados ou desculpas. Atingi-los, tocar o coração das pessoas e valorizar o lado humano da equipe além da razão é o maior dos desafios. O autor tem me ensinado como se faz isso.

Dizem que somos a média das pessoas com quem convivemos e sou grato pela oportunidade de ter Neder Kassem como uma das pessoas que contribui para a minha média.

Se você leu todo o legado que consta nessas páginas, acredito que a sua média também acabou de aumentar...

Leandro Castelo
Diretor Ecoville Brasil

EXTRAS

Nos filmes, tornou-se recorrente surgir uma cena-bônus depois dos créditos. Sempre fui homem de vendas disposto a quebrar paradigmas e farei o mesmo em minha obra.

Quem prefaciaria o livro? Foi a pergunta que me fiz...

Descobri que gostaria de contar com três nomes que admiro: dois irmãos e meu pai. Assim fizemos. Pela última vez, passo por aqui a fim de anunciar: o pai dos homens que me deram a honra do prefácio e do posfácio terá o papel de fechar o legado.

Padrão é para quem curte regras. Eu gosto mesmo é de construir padrões, pois é assim que construímos as vendas e a vida. Seja bem-vindo, Sr. José Edmar!

E vamos vender, pô...

Neder Kassem

POSFÁCIO CONCLUSIVO

— Vamos num *Workshop*, pai? Vários palestrantes estarão lá.

Foi assim que um dos meus filhos fez o convite. Eu estava exausto. Acabara de ministrar um treinamento e queria descansar. Ele insistiu e topei.

Dentre os nomes conhecidos, lá estava Neder. Desceu do palco e se aproximou da audiência, gritando e gesticulando ponderações fora do comum. Transmitiu credibilidade e confiança. Fiz uma proposta aos meus filhos:

— Vamos contratar esse profissional para treinar toda a nossa equipe. Ele pode mudar tudo em nossa empresa!

É muito raro me enganar com as pessoas e seus respectivos talentos. O instinto foi certeiro. Com a resiliência lá no topo, Neder tem o dom de interagir, persuadir e fazer as pessoas acreditarem. Treinou nossa equipe e pode-se dizer que outra empresa nasceu.

Já ministrei treinamento para grupos como Sadia e órgãos como o SENAI e posso falar com sinceridade que, depois que conheci Neder, meus treinamen-

VAMOS VENDER, PÔ!

tos mudaram do *status* muito bom para ótimo.

Costumo dizer que bons lutadores só deveriam lutar com profissionais parecidos em condições físicas. O autor está pronto para lutar com aqueles que sejam considerados maiores ou melhores.

Parabéns, Neder. O Brasil e o mundo precisam de pessoas como você.

Deus te deu um dom, como se dissesse:

— Pegue isso tudo e transforme o mundo!

Considerando o que tenho observado em nossa empresa, em seu trabalho e neste livro, vejo que você tem escutado a voz divina.

Parabéns, campeão de vendas!
José Edmar Castelo Batista
Fundador Ecoville Brasil